慕元樓之愛

八四歲

嘉義老家的故事

父親張振翔八十四歲書法

一個兒子，順著父親的墨跡，去探索曾祖與外曾祖兩個血脈交織成的百年人情網絡暨時代意義；用父、祖的身教言教，嘗試建構那溫馨又恢弘的大氣；再以親炙的愛，有本有源的潤飾有情有義年代中的人與事。是有心，促成了因緣際會；是家教的篤實相忍，成就了這本：慕元樓之愛—嘉義老家的故事。令人擊節！

尙爲先生，以理工的背景，福國淑世；卻能不輟於筆耕，用深沉的文化底蘊，點化生活點滴，既彰顯文字的美，也傳達詩詞的雋永。歌詠祖先的恩德，傳唱正向的歷史觀與人生視野，委實不易。

從木生藥房到慕元樓的種種，對於嘉義文化先賢之風貌、事蹟，多所著墨；尤其難得的是，書中有張、林兩家後人的

監察院院長 張博雅

序一

蘭潭盡萃·諸羅風雲

心血；也蒐集黃宗義先生及嘉中校友的文章。彙集其中，毫無扞格而倍見光彩；足補正史之闕漏，並有以教忠教孝。全書充滿文人間的情義，儒者的濟世襟懷，家族的相濡以沫；而時代悲劇人物的風骨、擔當暨當時民衆生活的實況，也躍然紙上。有不捨、有曠達、有孺慕、皆至情至性。看似流水年華的寫意，實蘊對社會、友朋、家族的大愛。

身爲嘉義子弟，自父執輩的溪口，乃至外祖家的台南府城，同爲書香門第之後，於字裡行間，時可覓得十分熟悉的身影與事蹟；這份牽引，應是屬於全體大嘉義人的共同資產。而尙爲君之令先祖長容先生，本於助友人之善念，以鉅資購買林玉山先生之大作「蓮池」；其後，反助其二公子一家度過難關，並在官、民合作下，將此一國寶永久典藏於台中國立美術館，成爲鎭館之寶，成就一段台灣藝術史的佳話。一個義舉，助一位藝術大師，復遺芳後人，積善之家，果必有餘慶！

當年的諸羅縣，範圍很大；但是，張、林兩家先人的影響，本就是涵蓋全寶島。本書對百年來嘉義諸君子的生活軼事，平鋪直敘，有根有據，彌足珍貴。古人愛風水，深信：氣遇風則散，遇水則聚。蘭潭乃大嘉義人共同的氣脈，如同母親的慈暉映照。本書著力最深處，即在家族之愛；振翔先生有子若尙爲君，可喜可賀！是書付梓，欣逢壽誕，謹以爲祝。

全書充滿文人間的情義，儒者的濟世襟懷，家族的相濡以沫；而時代悲劇人物的風骨、擔當暨當時民衆生活的實況，也躍然紙上。

圖左：嘉義市蘭潭一隅。
圖右：臺南關仔嶺碧雲寺門口石獅。

序二

一樓煙雨·窺探嘉義百年史

國立嘉義大學教授 陳政見

兩三年前接到臉書好友尚為兄所贈大作《生活用心點：張尚為的書法療癒學》及《藏心：一個科技人的書法隨想》，花了點時間拜讀，深深感受科技人如何藉由書法抒發壓力而達到療癒的效果，讀來樂在其中而且產生共鳴。後來才發現他前後出版了十一本大作，而且都是生活體驗轉化為詩、書的作品，堪稱著作等身。

約莫兩年前尚為處長邀約為其新作寫推薦序，但不知內容為何？個人於三月初接到其書作草稿時，乍看之下以為是寫一部史書，接著迅速瀏覽全書，其中讀到「林玉山先生」一節時，對於有關搶救林玉山所畫「蓮池」國寶而免流落於東瀛的細節描述，讓我眼睛為之一亮，而慢慢品味其內容。驚覺慕元樓原來蘊藏著嘉義許多詩書畫的人文發展史，於是再回頭逐一閱讀每一篇章，而樂意推介本書給所有愛好詩書畫與歷史的同好們。

首先，尚為處長以慕元樓「慕：天下文士、元：始於嘉義、樓：聚散有時、之：茶餘飯後」以定篇章名，頗具巧思，並以「愛：詩文書畫」作為完結篇，顯示張氏一門以詩書傳家的衍裔脈絡。首篇「慕：天下文士」從其父親的回憶中，以動人的敘述故事手筆將張家在嘉義的起家做描述，從木生藥房歷史與當時盛況到慕元樓命名的典故作為全書破題，進而敘述其祖父聚集文人墨客之故園趣事；「元：始於嘉義」則是描述從其祖父行醫與耕耘於嘉義的點點滴滴開始描述起，以及尚為處長令尊之種種回憶；「樓：聚散有時」則從張氏家族相關族人或友人對慕元樓之記憶故事或相關紀錄，以及慕元樓原址重建後續的撰寫，每一小節皆有足以發人深省的事蹟。閱讀慕元樓的發展，不僅從中了解張家的人事時地物淵源，也可聊解嘉義乃至台灣二十世紀重大事件的發展軌跡。

最後，從個人對詩書楹聯的喜好角度來看本書，本書收集了許多嘉南地區名刹古蹟的著名詩人的佳作、著名書法家的遺墨以及重要楹聯的出處等。令我印象深刻的白河碧雲寺寺中的對聯：「火性全無一片慈悲隨地現；山門不遠大開方便勸人行」原是尙爲處長祖父張長容在民國三十四年所書，而其外曾祖父林臥雲先生在民國三十七年所撰「嘉義八景」長詩，更是爲世人所注。也可以由此推知尙爲處長在詩文與書法的優越表現，是有很好的家學淵源與根基！

總之，「慕元樓」一書充滿著家族情懷、歷史故事、人文逸事、詩書妙聯，値得大家在工作之餘，作爲遣興散懷的好書。

戊戌孟春 陳政見於朴子避寒軒禪書室

嘉義市植物園板根園區。

尚為處長以慕元樓
「慕：天下文士、
元：始於嘉義、
樓：聚散有時、
之：茶餘飯後」
以定篇章名，頗具巧思，
並以「愛：詩文書畫」
作為完結篇，
顯示張氏一門
以詩書傳家的衍裔脈絡。

人的相知相遇因緣各殊，我與尙爲兄的認識是經由書法同好的意外相聯結而來，其微妙就如同他的外曾祖父林玉書（臥雲）先生喜歡落筆的墨寶佳句：「好鳥枝頭亦朋友，櫻花爛漫笑春風」一般的雲淡風輕。尙爲兄多年來每日臨池不輟，或書或畫，早晚在他的臉書分享作品，其行草飄逸俊秀、自成一格，他的水墨畫作，信手拈來、頗富拙趣，我欣賞和佩服他的用功及書畫之風，常常不吝給予按讚或抒發心得。2015 年中某天我和他首次見面，天南地北一番得知不但與他同年而且更是嘉義同鄉，人親土親的緣故，更拉近之間的距離。那天他約略告訴我一些有關他的祖父張長容先生及外曾祖父林玉書（臥雲）先生的故事，我喜歡讀史，因此對於這兩位故鄉的耆老在嘉義的行誼充滿了好奇。

外商銀行副總經理　黃志明

序三

好鳥枝頭亦朋友　櫻花爛漫笑春風

2016年初，尙爲兄在台北蕙風堂舉辦書法個展暨個人著作「新刺客列傳—當代五位書法家的書法心路」一書的簽名會，在會場上我見到了尙爲兄的尊翁張振翔老先生，由於有同鄉及同校之誼，張老先生和我一見如故，那天我們聊到與嘉義有相關聯的前輩畫家「陳澄波」、「林玉山」及「席德進」等人的話題，他分享我許多有關他們的軼事，同時並向我出示已經著手進行的回憶錄手稿，當下我讀的津津有味，誠心希望他這些有趣的文章可以很快的付梓印行與世人分享。

今年228紀念日的早上，尙爲兄打電話來告之，他的第十二本書已經在排版，內容就是有關他家族的故事、嘉義地方風物與一些藝壇軼聞，我眞心希望有幸可以搶先拜讀，他爽快的應允而且希望屆時我可以給他提供些意見並寫推薦序文。三月鶯飛花綻的下旬我自香港訪友歸來，很榮幸收到尙爲兄的「慕元樓之愛—嘉義老家的故事」一書的初稿，特地利用清明節連假期間，將他的大作仔細的品讀一番…。

這是一本猶如陳年般的美酒，蘊含著溫潤、香醇、厚實、令人回味及陶醉的好書。作家透過長距離的鏡頭，經由一家老牌「木生藥房」的萌始，圍繞著鴻儒往來「慕元樓」的廣地起造、歷經戰火平夷、恢復重建及後續老朽的另起高樓等陳年往事，其間各類人事物一一粉墨登場，有飽讀詩書、筆酣吟唱的士紳，有懸壺濟世、杏林春回的醫生，有粉彩色落、妙筆生花的畫家，有諸羅風景名勝的介紹，有在地令人垂涎美食的特寫…等等豐富的描繪，乍看雖僅是透視嘉義地區一個家族興衰起伏、悲歡離合的故事，回眸深思卻更是百年台灣政經歷史演化的縮影。當拜讀尙爲兄及振翔老先生蒙太奇式的故事鋪陳時，我的思緒數度隨之跌落幼年故鄉的回憶堆中…。

誠如尙爲兄在書中所發表的新詩「無題」所云：「寄不出的情書，忘不掉的人影，不能釋懷的往事，都是最美麗的雲煙。」這也是貫串全書思想的核心，美牘佳文值得細細品味及推薦，故樂爲之序。

2018年戊戌清明假期於高登書齋

圖左：嘉義公園黃花風鈴木漂零。
圖右：春綻櫻花。

「慕元樓」是我所出版的第十二本書。

中國人對十二這個數字，有著特殊的感情。比如說十二生肖、十二月份、十二個兄弟姊妹等，都有其含義。我的家族四代中，正是父親這一輩，有十二個兄弟姊妹，而祖母的辛勤撫養，更是天恩浩瀚。

這本書的重要內容，都是來自父親的親筆回憶錄，經由我的整理，加強補充一些資料，把張家的故事，完整呈現於世人眼前。

這條橫跨一百年的光陰走廊，有著很多珍貴的史料——外曾祖父林玉書(臥雲)，是嘉義的名人。他才華洋溢，集醫學、書法、詩文、藝術於一身，對嘉義的歷史有興趣去研究的人來說，外曾祖父林玉書先生是重要的標竿。

祖父母與父親，歷經日治、二次世界大戰、國民黨政府來台、二二八事件，到解嚴的時期，許多大時代的故事，都呈

張尚為

這本書寫的是日治時代一個嘉義西藥房老闆的故事，也記錄了台灣走過的辛苦卻很豐沛的歲月。

自序

現了他們認眞過日子的嚴謹態度，對鄉親、長輩、子女的愛，也是無私奉獻，令身爲晚輩的我，不得不把這些吉光片羽，蒐集整理，成爲重要的歷史回顧。

嘉義的風景、人文、藝術、生活點滴，都在這本書中，以我的口吻、電影蒙太奇手法展現。感謝曾文華與康志嘉兄，爲我特地到老家附近拍照，把嘉義的味道忠實呈現於文字一旁，強化讀者的印象與興趣。

要感謝父親張振翔先生，用兩年的時間，親筆寫下他年輕的故事，許多祖父在世所結交的友人：陳澄波、林玉山、張國周、陳丁奇、席德進等人的側寫，也都栩栩如生地在我們眼前活了起來。

更要感謝監察院長張博雅女士以嘉義的大家長的身份爲我寫序加持，前台北故宮博物院林柏亭副院長（林玉山之子）授權「蓮池」巨作之版權使用、嘉義大學陳政見教授，與外商銀行金融主管黃志明，慷慨爲我這本書寫推薦序，讓讀者更能深入了解到嘉義的風土人情與藝文之美。

難能可貴的是，我的小姑姑張可視，今年七十一歲，住在美國西岸，也寫了感謝與懷念文，來紀念她的母親張林快女士。黃宗義教授寫出陳丁奇先生致力於推廣書法的懷念。林玉山之外孫林耀煌，林臥雲之曾外孫鄭宜禎，也寫文章，娓娓道來，追思與緬懷自己先人，共同見證嘉義歷史的重要一頁。

這本書寫的是日治時代一個嘉義西藥房老闆的故事，也記錄了台灣走過的辛苦卻很豐沛的歲月。人的過往，都會留下足跡。曾幾何時，我們再有機會去一遊蘭潭映月與阿里山日出，吟唱有韻的本土詩文？

身爲後代子孫，我們有責任把好的典範、美麗的記憶，永遠流傳下去。

圖左：嘉義市嘉義公園設施。
圖右：嘉義市嘉義公園一景。

1928

民國 17 年（昭和 3 年）
· 嘉義木生藥局開店

1930

民國 19 年（昭和 5 年）
· 林玉山「蓮池」獲得第四回「臺灣美術展覽會」特選第一名
· 第一代慕元樓建造

1931

民國 20 年（昭和 6 年）
· 嘉農棒球隊於甲子園大會，獲得亞軍博得「英雄戰場 天下嘉農」的美譽。

目錄

序文

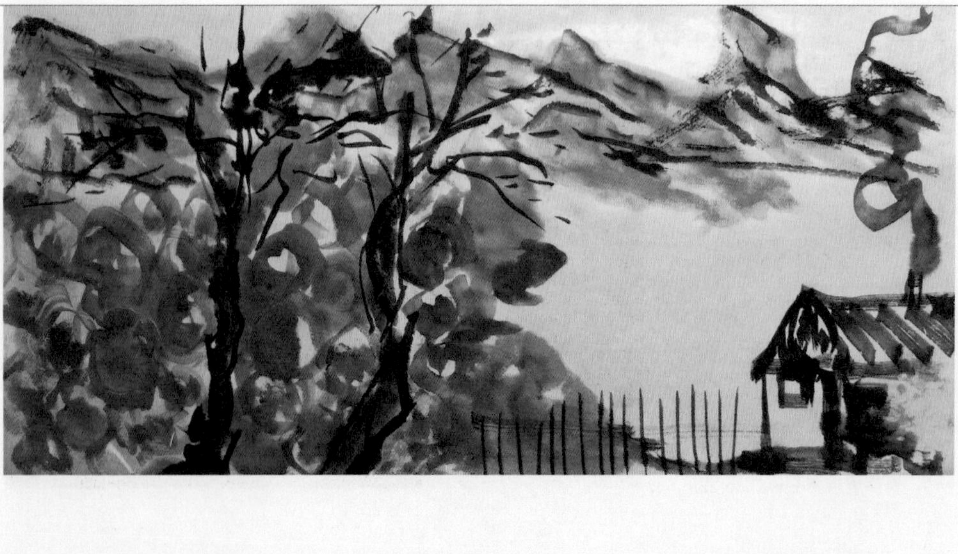

1941

民國 30 年（昭和 16 年）
· 嘉義發生芮氏規模 7.1 大地震（日軍偷襲珍珠港後 9 天）

1945

民國 34 年（昭和 20 年）
· 二次世界大戰結束
· 第一代慕元樓毀於大火
· 台灣光復
· 張長容於碧雲寺題字

1947

民國 36 年
· 二二八事件
· 陳澄波遇難

第一篇章 慕 天下文士

第二篇章 元 始於嘉義

1948

民國 37 年

· 林臥雲撰寫「嘉義八景」長詩

· 慕元樓重建

1950

民國 39 年

· 席德進參訪慕元樓

1952

民國 41 年

· 張長容逝世

第三篇章

樓

聚散有時

第四篇章

之

茶餘飯後

1958

民國 47 年

· 席德進第一次畫展
張振翔以 700 元買入淡水風景畫

1962

民國 51 年

· 台視成立
· 張國周強胃散開始
拍攝電視廣告

1999

民國 88 年

· 國美館發起搶救〈蓮池〉活動

第五篇章

愛

詩文書畫

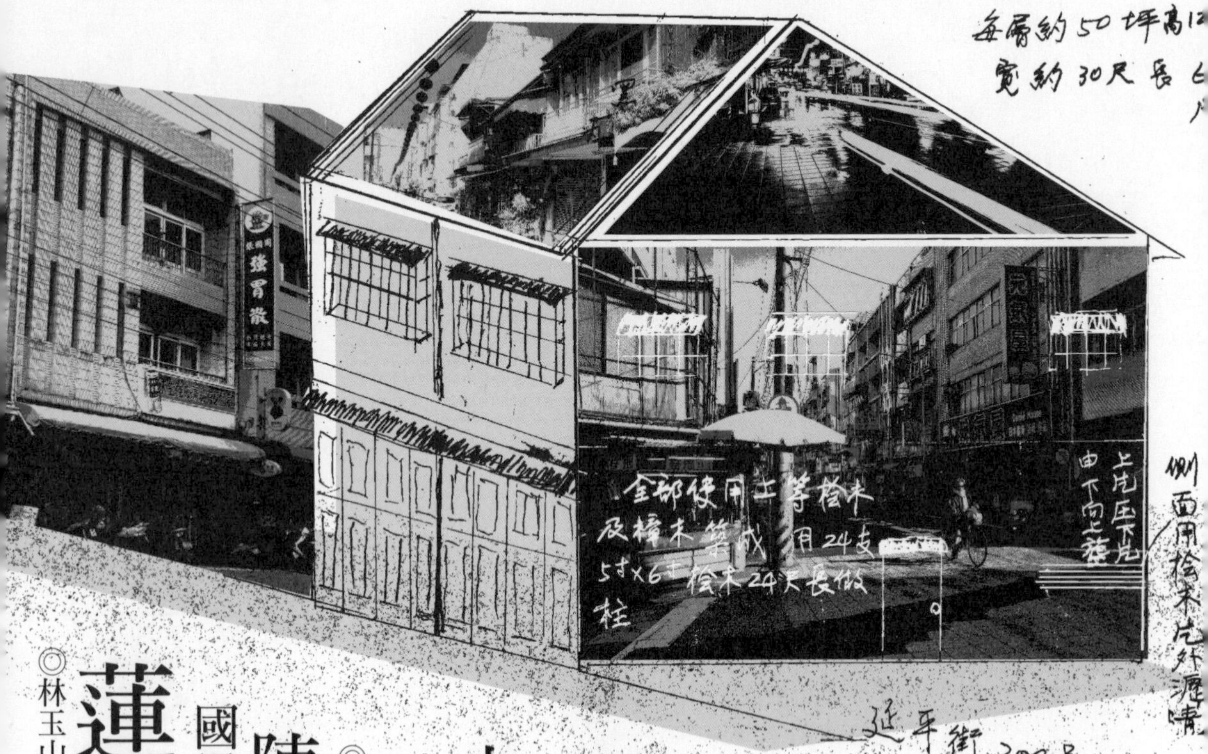

故事大綱

慕元樓

木生藥房

日治時代

◎二次大戰

陳澄波

國民黨來台

◎二二八事件

◎光復初期

蓮池

◎林玉山畫作蓮池獲選國寶

張李德和
詩人
關心地方文化者

陳丁奇
嘉義書法家

陳澄波
國寶級畫家

席德進
畫家
與張長容及
張振翔熟識

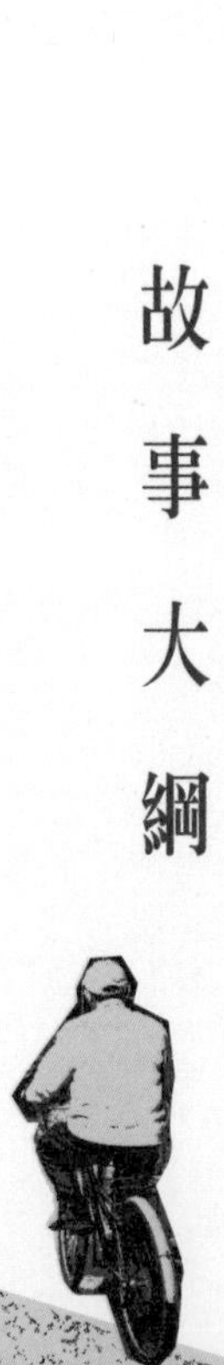

林玉書（臥雲）
（外曾祖父）

父女（長女）

父子（長子）

林啓三
高雄壽山醫院
院長

張木生
（曾祖父）

父子

張國周
製藥專家
與張長容情
同手足

好友

夫妻

張長容
（祖父）

林快
（祖母）

好友

父子

父子

張振翔
（父親）

林玉山
國寶級畫家，與張長容情同手足，作品蓮池。

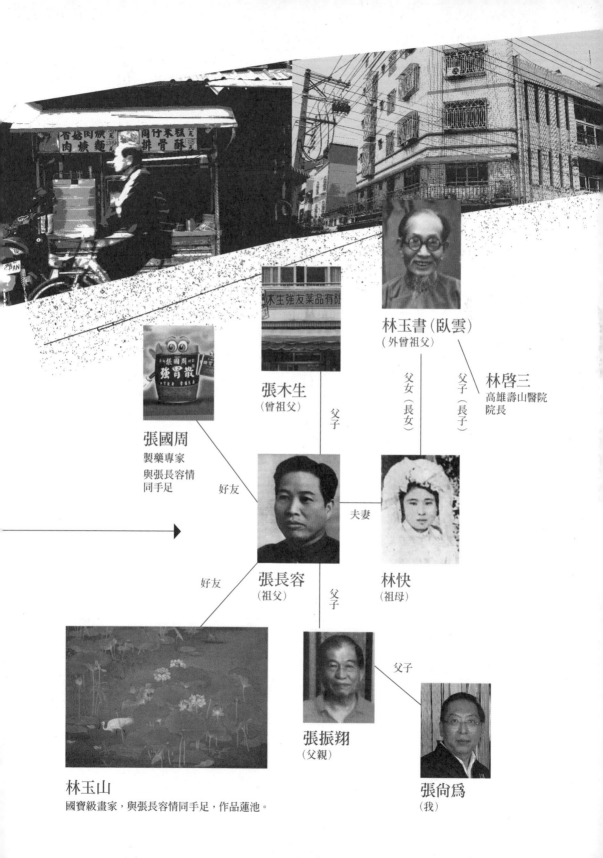

張尚爲
（我）

黎宜修善心
嘉義市西門町
金興昌吳服店
仁安堂漢藥房
敬謝
林剛雲
謹書
強友藥品有限公司
廟
嘉慶大廈

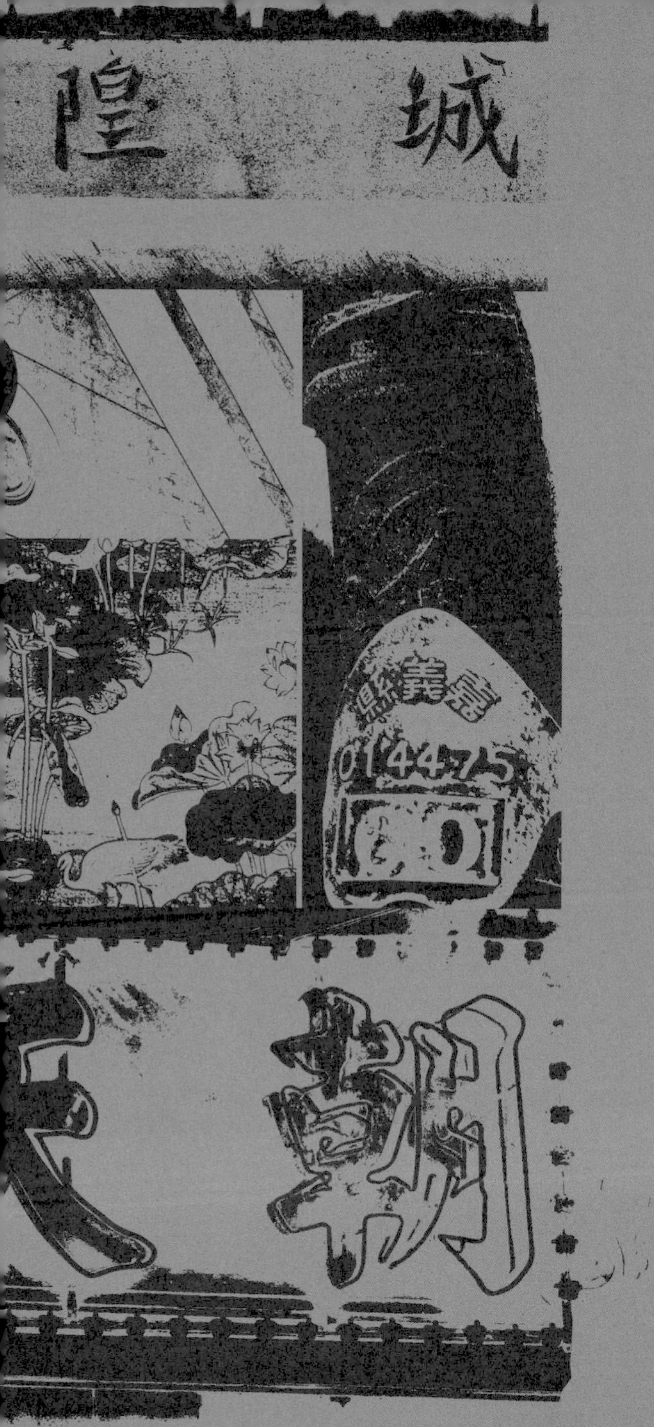

第一篇章

慕

天下文士

序曲
木生藥房

九十年前，
一位年輕人在嘉義市西市場門口，
靠近國華街大馬路的地方，
租了一家店面，開了西藥房，
故事中男主角名字叫張長容，
他是我的祖父。
當時，這家西藥房就取名「木生藥房」。
「張木生」是我曾祖父。

張木生是老大，底下有五個弟弟，排行老二的張長發是位酒家老闆，黑白兩道皆有往來，個性海派，人脈廣。張三爺早逝，四爺名楊柳，是嘉義當地著名的擺攤書法家，五爺從母姓，因娘家無壯丁，改姓林，繼承林家祖業，在中正路開兩家乾興行，專售碗盤與瓷器。六爺是多生的，也送人了。

曾祖父年輕時，都到附近嘉義鄉鎮去收購筍干，龍眼干、木耳、仙草、愛玉子、黑豆、黃豆…等山產，運來市區出售。年紀漸大，自己感到體力不如從前，於四十多歲，改行在夜市擺攤賣西藥。大部分商品都是日本製造，藥效快又方便，不必如漢藥要煎煮好久又難入喉。他自己以白布用毛筆寫了「木生藥房」掛在攤上，西藥的藥效快，又使用方便，顧客增加，口碑也日益遠播。

祖父張長容在台灣是讀私塾，記性很好，過目不忘，曾經到廈門集美中學進修，也到日本讀外語學校，返台後與其父商量租店在西市場口開「木生藥房」。開始只做零售，生意極好。曾祖母一人專門收錢、找錢，連上廁所都沒時間。後來也做批發，當時「虎標萬金油」由新加坡製造，台灣只有三家經銷商，新竹文華、彰化日月星、嘉義木生，所以台南、高雄、屏東，都向「木生」批發，祖父每月都去南部收帳。

圖左：嘉義西市場昔圖。
圖右：昔時「木生藥房」國華街現址。

父親回憶說：「大約四十年前，我開車到北橫公路『拉拉山』中巴陵的地方，有一條街，有一位老人來問我：「要不要住一晚，很便宜，只要三百元」。我一邊吃麵，一邊與他聊天，原來他也是嘉義人。我問他：

「你知不知嘉義有一間『木生藥房』，他說：『知道』！ 很出名。」

「爲什麼會出名呢？」我問。

「店員親切，價錢便宜、公道，恭敬客戶，藥效確實，種類要多。德國拜耳藥廠出品的名藥、瑞士藥廠名藥、中國北京同仁堂的各種名藥、日本各大藥廠出品的名藥，如日東風藥、太田藥廠、中將湯、惠乃玉、大學、老篤眼藥水，武田藥廠的名藥…等，應有盡有。」

「延平街有十間倉庫。藥的種類名稱數百種，價錢都要記得，否則虧本都不知道，一定要記性好的人才能當老闆。」

父親如數家珍地訴說著嘉義老家的故事。

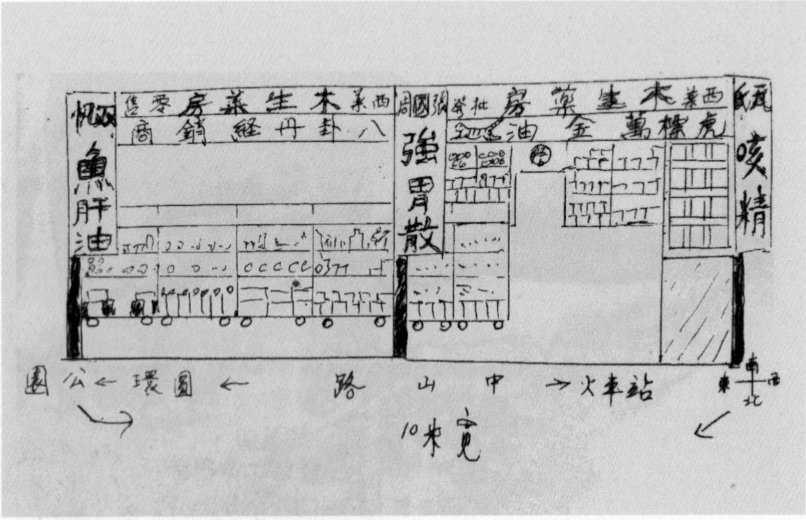

圖左：父親手繪當年嘉義木生西藥房盛況。

圖右：嘉義市西市場老街「春捲」，門庭若市。

店員親切，價錢便宜、公道，
恭敬客戶，藥效確實，種類要多。
德國拜耳藥廠出品的名藥、
瑞士藥廠名藥、
中國北京同仁堂的各種名藥、
日本各大藥廠出品的名藥，
如日東風藥、太田藥廠、中將湯、
惠乃玉、大學、老篤眼藥水，
武田藥廠的名藥…等，應有盡有。

祖父經營西藥房賺了不少錢，就買了延平街三合院房子，後來鄰地要租售，祖父買下來蓋二層的樓房，當年鄰居都是平房，那新樓就像鶴立雞群，非常明顯，這就是慕元樓的前身。

曾祖父爲人親切、笑口常開，租店面後就全權由祖父經營，平時沒事就到城隍廟泡茶聊天，現在廟中的四方型木桌，依然留在原地上面，刻著「張木生捐贈」的字樣，曾祖父熱心公益，經常捐錢，很多廟公都認識他，許多廟都有他的躺椅。

祖父每個月，都要去南部收錢。可惜開店沒有多久，一場大火，將店燒光光！一九四五年八月，美國向日本投了兩枚原子彈，死傷數萬人，日本天皇宣布投降。這段苦難的歲月，轟炸將嘉義房屋燒毀，老家的機車及十間倉庫的藥品、傢具、古董都因大火而損失殆盡。

經此祖父並未氣綏，反而一派輕鬆樂觀的說：「免煩惱，越燒越旺啦！」災後又以其堅強意志，在附近再度開業，生意比以前更好。

日治時期的嘉義市，西藥房的暢銷產品，主要是銷售專治療腹瀉、風寒、咳嗽、與頭痛的日本藥品，人們都買「虎標萬金油」或一些治感冒、治胃腸的藥。我父親排行老三，常與其排行第二的哥哥輪流晚上住在店門口，以防小偷來竊。

祖父過世後，木生藥房由二房承接，現在是第四代經營中。

城隍廟的四方型木桌，刻著「張木生捐贈」的字樣。（圖右為局部）

佇立於嘉義市延平街300號，佔地三百坪的高樓，在日本時代是一個四合院，是我父親張振翔誕生的地方。我的祖父張長容先生在嘉義市鬧區經營西藥房，家中有一區塊取名叫「慕元樓」，是用來吟詩作對與打桌球的地方。祖父參加的詩社叫做鷗社與麗澤吟社。

最近父親就他的記憶所及，推斷出「慕元樓」大約建於1930年左右（日治時代）；在1945年（世界第二次大戰）因美軍以飛機轟炸嘉義，毀於大火之中。祖父在1948年再把它依原來樣貌重新蓋起來，才取名「慕元樓」，是希望它能風華再現，和原來的舊樓一樣，充滿詩書畫與乒乓球聲此起彼落的熱絡景象。

可惜1952年祖父因心臟病過世，「慕元樓」也日漸凋零。2012年4月，我父親就他記憶所及，手繪一張「慕元樓」外觀與建材圖。這張手稿極具歷史傳承意涵，因為，1948年再建好的「慕元樓」，70年代被拆除，現在是一棟七層樓，鋼筋水泥的現代化民宅。

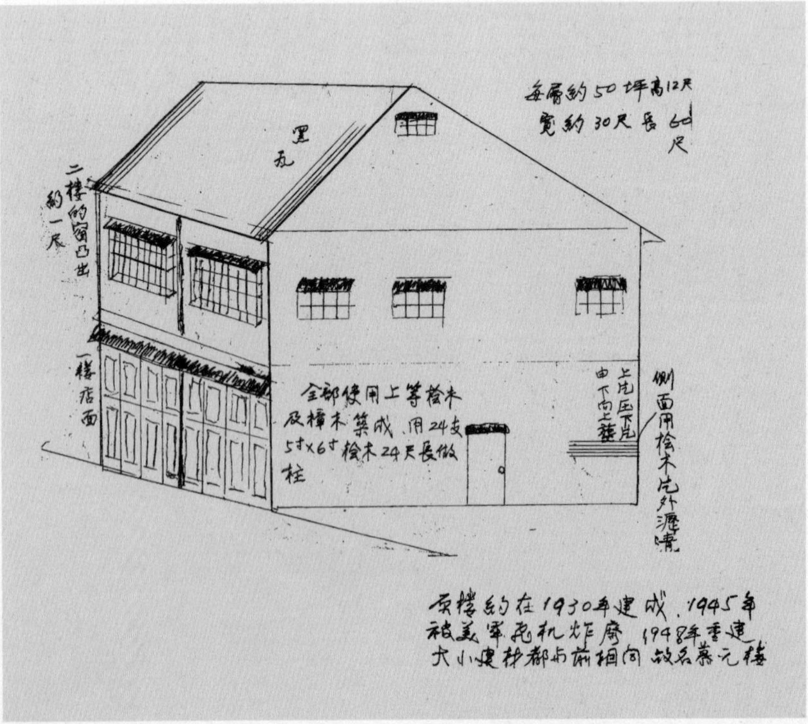

追想慕元樓的記憶

1948 年慕元樓蓋好後，樓下是大教室，祖父請了一位留學英國操外省口音陳德超老先生來教英語，學生很多。客滿的程度，有些人要站在外面聽，大部分是空軍及學生，他們把腳踏車放在平房那邊的前院。

祖父請工人訂製一個長達 270×120 公分的大木桌，閒暇之時，祖父就在這桌子上練習書法。他喜歡寫大字，氣勢豪邁，力道遒勁，不料美軍在第二次世界大戰時，以飛機轟炸嘉義市區，這座木造的雙層樓房就毀於火海之中。我們老家的鄰居是陳澄波先生、林玉山先生，他們在年輕時，也曾和外曾祖父、祖父有著不錯的交情；因此，在物資不豐富的年代，祖父也贊助他們，希望他們能持續在繪畫上精進。

圖左：父親憑記憶繪製之慕元樓。
圖右：慕元樓的側面，通平房那邊的前院（媽手上抱著我）。

外曾祖父
林臥雲先生

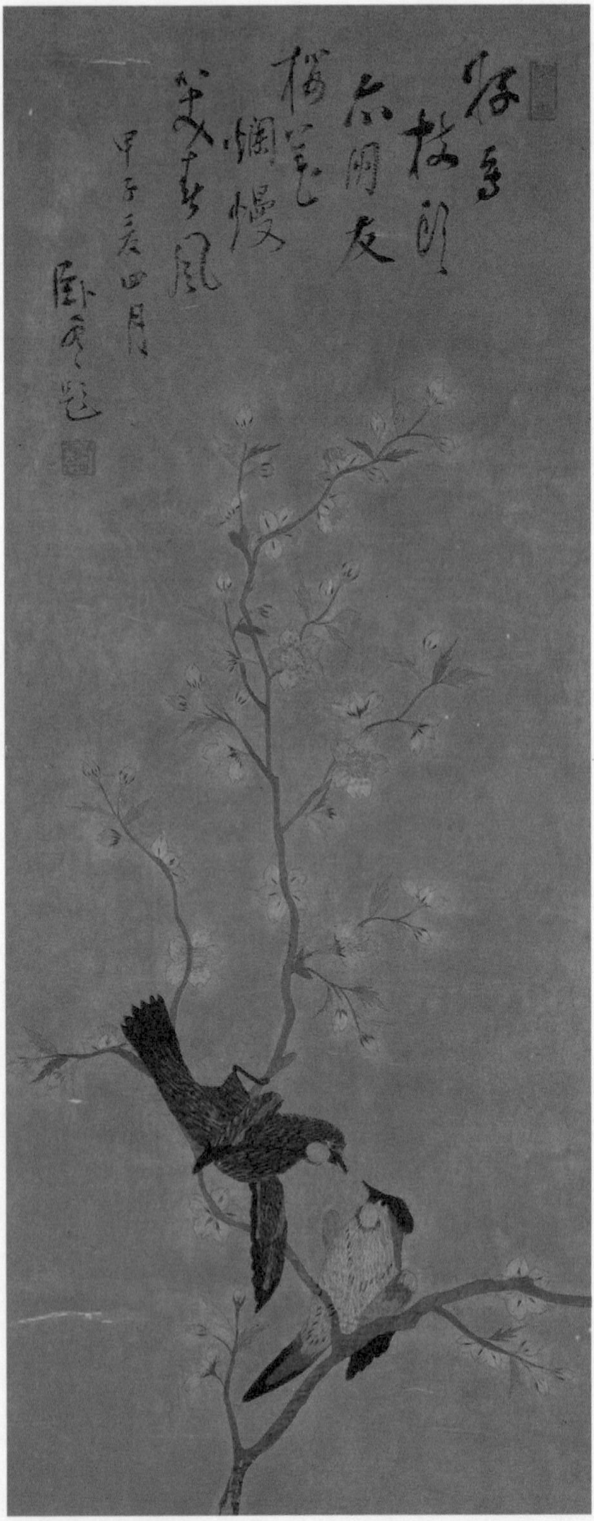

祖母張林快出嫁前的刺繡作品之一，上方就有林臥雲之題字，「好鳥枝頭亦朋友，櫻花爛漫笑春風。」

在日本統治台灣的年代，林臥雲先生是嘉義名人。他是第一屆台北帝大醫科畢業的學生，在嘉義市擔任小兒科與內科醫師，但他也是著作等身的詩人。他把女兒（林快）許配給我祖父，是看到我祖父有文才，也有生意經營實力，因此我的祖母林快嫁入張家以後，陸續生了12個孩子，西藥房生意也蒸蒸日上。

祖母張林快出嫁前的刺繡作品之一，上方就有林臥雲之題字，「好鳥枝頭亦朋友，櫻花爛漫笑春風。」題字時間，甲子年四月，也就是1924年。當年4月16日，日皇裕仁以皇太子身份來台觀光。1924年，陳澄波考入日本東京美術學校國畫師範科。

另外1940年作品，「龏」（上圖），有恭敬、謹慎之意，是林臥雲先生60歲之書法。

圖左：祖母之刺繡。
圖右：外曾祖父林臥雲先生。

靈赫濯顧羣黎宜修善心
城隍廟

嘉義市城隍廟入口，林卧雲對聯題字。

一九七零年，父親到日本名古屋「腦新」藥廠參觀，藥粉全部自動包裝，工人只要將藥粉放入，填充到桶內，其他都是機械自動處理。這些負責分裝的機械，都是該藥廠主管自己發明，甚至還外銷到其他國家。

父親曾經向一位副總經理表示，自己經營的是「嘉義木生藥房」，對方立即說，原本他們指定「三井藥局」爲嘉義地區經銷商，後來訪問零售藥房，大部分業主都向「木生」購買，因此連忙再增加上「木生」爲經銷商。

由日本的廠商直接寄來的藥品，都裝在木箱，每月約四十到六十箱不等。如眼藥水就有「大學」、「老篤」兩種牌子。一箱是六千瓶，二十箱就有十二萬瓶。日東風藥、太田胃散、中將湯、龍角散、面速力達母、淺田飴、紅藥水等等，都是當時暢銷的藥品。木箱拆開後，送到廚房當材火燃料，數量多，每年使用，都不用另外添購柴炭。

自斗六到麻豆這個範圍，有許多木生藥房的客戶。日據時代我們曾經收到由日本寄來的一封信，信上寫：「琉球木生藥房收」，由此可見，木生藥房在當時，是何等出名。

有一回，星期天沒上課，去顧店，來了一位外國青年，比手勢表示肚子痛，父親就拿「張國周強胃散」給他，罐上有寫 STRONG STOMACHIC POWDER，他就買了。這是木生藥房的記憶。

約在一九四三年，有遠見的祖父將家裡的防空壕（地下室）做好，大約三坪多，可以容納二十人。當時有人向警局密告，祖父向警方說：「因為薄荷條怕熱，放在地下室才不會溶化。」警方也無話可說。一年半後，政府下令要造防空壕，並勸百姓搬到鄉下，不要住在市區，於是我們全家搬到吳鳳廟附近。那時我父親正就讀國小二年級，由延平街老家到鄉下，走路要二個多小時。

這個時期，全台灣都流行瘧疾，95% 的人都得到流行病，女人頭髮生蝨母，吸人血，沒有米飯可以吃，都吃地瓜，魚肉又極度缺乏，營養不足，那數年間，因病而死亡的人數，全台有數十萬。

小故事

自斗六到麻豆這個範圍，
有許多木生藥房的客戶。
日據時代我們曾經收到由日本寄來的
一封信，信上寫：「琉球木生藥房收」，
由此可見，木生藥房在當時，
是何等出名。

圖左：慕元樓舊址旁，張國周強胃散廣告車。
圖右：嘉義公園景觀一隅。

昭和辛未春月
林玉山

西元 1930 年，林玉山先生畫了一張「蓮池」參加台灣第四屆畫展，得了「特選獎」而出名成爲當時的畫界三少年（林玉山、陳進、郭雪湖）。

這張圖，祖父以當時的錢 150 元買下來，本來由我家分到，二伯一直要求交換，後來父親答應了，沒多久二伯因病過世，二伯母將這張畫以 1,800 萬賣給台中市的國立臺灣美術館。

林玉山先生曾表示，畫這張圖時，他都騎自轉車到「內角」這個地方去寫生，因爲這邊田裡都種蓮花，採收蓮子及蓮藕，黃昏時，陽光是金黃色，所以用黃金磨粉，加入畫料，畫出來才會美。

祖父民國 41 年過世，林先生親自走路，跟隨其出殯隊伍送到墓地，我們對林先生的誠摯非常感恩。

蓮池 林玉山畢生傑作

林玉山老師膠彩畫作「蓮池」，高 5 尺、寬 8 尺；當年政府的美術館想要購藏時，因經費有限，曾經發起搶救「蓮池」的活動，匯集民間力量的小額捐助，將「蓮池」順利購藏，永留臺灣。

林玉山先生

圖左：林玉山繪畫祖父張長容。

圖右：林玉山與我六個姑姑在我婚宴上之合照。
他與我祖父情同手足，是我婚宴之證婚人。

林玉山先生曾表示，畫這張圖時，他都騎自轉車到「內角」這個地方去寫生，因為這邊田裡都種蓮花，採收蓮子及蓮藕，黃昏時，陽光是金黃色，所以用黃金磨粉，加入畫料，畫出來才會美。

林玉山 蓮池
1930 146.4×215.2cm 重彩·絹
玉山。鈐印：林英貴印。
國立臺灣美術館典藏

林先生本名「英貴」，是嘉義的著名畫家。他的傑作「蓮池」，在 2015 年 5 月 7 日，被文化部審核通過，成為台灣國寶。這張「蓮池」是林玉山 24 歲時，趁天剛亮，到臺南市白河區內角牛稠埔坑的大蓮花池寫生而得。祖父與林玉山先生一直是好友，也是藝文的愛好與收藏家，這張「蓮池」當時由祖父買入。

民國 86 年 7 月 1 日，位於嘉義市忠孝路的市立音樂中心，在當地居民 15 年的期待中終於落成，其音樂演奏廳的布幕，就是決定採用嘉義林玉山的「蓮池」做成絹緞質材，呈現台灣在地精緻文化之美。文化局找來當時爲日本天皇特製大典服飾的東京都龍村美術織物社，費時 4 個月，純手工編織完成，總經費由原計的八佰萬台幣，經由深諳日文的在地律師從中協商，最後以五佰萬台幣公款再加上民間募資一百萬結案。

然而暗中，東京美術織物的代表已連絡上「蓮池」的收藏家，張陳文英女士，她正是我的二伯母，想購買這幅畫。二伯父因 85 年腦溢血驟逝，家中經濟產生問題，決意把這張祖父年輕時收藏的鉅畫賣給日本人，價碼就依買方所提一新台幣兩千萬。巧的是，這個國寶就要被賣給日本人的消息不脛而走，省立台灣美術館（現在的台中國立臺灣美術館）的倪館長好心來說項，他表示是國家有預算要買，但得先借出整新，可望賣到家屬期望的價錢，以拖延日方極力要購入之行爲。然而倪館長心知肚明，台幣 1000 萬是省議會核可同意購買單一畫作的上限，縱使再找到熱心藝文的贊助人捐款，也只能籌到五佰萬元，如此一來，離日本人所出的台幣 2000 萬元，還是少了 500 萬啊！

嘉義鄉親發起熱心捐款，
為了搶救林玉山先生的
名作「蓮池」免於落入
日本商社手中，
數週募到台幣卅一萬二千一百五十元，
其中的二十萬，
還是一名住在高雄美濃的郵差，
捐出了自己半生積蓄，
其熱情令人感動。

圖左：光彩街窗隅一景。
圖右：林玉山作品。

於是省立美術館緊急提出計畫，要搶救這幅台灣資深膠彩畫家林玉山的早期名作「蓮池」，以避免台灣重要文化資產流落日本人手裡。嘉義鄉親發起熱心捐款，避免「蓮池」免於落入日本商社手中，數週募到台幣31萬2,150元，其中的20萬，還是一名住在高雄美濃的郵差，捐出了自己半生積蓄，其熱情令人感動。

省立美術館倪館長以拖延戰術，佯裝大畫要細部端詳，有些修補要再加強，又拖了兩週。這次，倪館長邀請台北中國時報記者，以新聞稿發佈「國寶將淪落異鄉」爲主題，喚起大台北地區各界的注意，果然數天內五百萬就到齊。林玉山也幫忙美術館，爲蓮池的複製品親自簽名，每幅2萬，聚沙成塔，終於把這張畫留在台灣；之後大溪的鴻禧美術館也展出這幅台灣本土巨畫，持續接受捐助，再籌備修畫的資金。

不久之後，原畫的收藏家張陳文英女士，終於完成一件買賣，但畫是落在自己國家的美術館中，永久典藏，這也算是堪慰祖父張長容的在天之靈。台中國立臺灣美術館(省立美術館)於88年購藏「蓮池」，成爲「鎮館之寶」。94年政府委託日本修復工房「半田九清堂」，進行長達240天的修復作業，讓作品呈現最佳狀態，運回國內。

附錄：《蓮池》的相關故事

本文參照國立歷史博物館出版之「林玉山一師法自然」、國立臺灣美術館官網、與網路其他相關文字，特此說明。

《蓮池》是林玉山先生的作品，描繪臺南市白河區內角牛稠埔坑的大蓮花池的荷花，充分表現出台灣的地方特色，在1930年榮獲第四屆台展特選第一名與「台展賞」，被譽爲融合了「膠彩畫的東洋風格、宋畫的氣質」，而震懾了當時的畫壇。

《蓮池》這件台灣美術史上的瑰寶，一直以來都是各大美術館覬覦非常的對象。自倪再沁擔任國立台灣美術館的館長（當時仍爲省立美術館）之後，積極規劃「台灣美術發展常設展」，而由於《蓮池》的收藏者張家第三代與其乃服兵役時的同袍，於是在一九九七年十月，率當時的典藏組組長林平赴嘉義尋畫。在親眼目睹《蓮池》原作之後，深受感動，乃向收藏者表達美術館欲購藏的意願。藏家則表示要擲筊「請示」原始收藏者，亦即已逝的第一代張家收藏者張長容先生。

張文英女士擔任市長時，嘉義市文化中心選用《蓮池》製作表演廳大型布幕，負責承製的日本京都一家專業公司，也對這件作品很感興趣，願出價二千萬台幣，攜回日本典藏。第三代收藏者原也有意放手，不料畫作「顯靈」，執意不願流落異鄉，多次擲筊「詢問」已逝的阿公是否願意將《蓮池》割愛，轉手賣給日本人，總是無法獲得阿公的應允。倪再沁出面代表省美館表示願意購藏，竟然擲筊一次，便獲得肯定的答覆。於是，張家同意倪再沁將畫帶回省美館暫時存放。

然而，在多方鎩羽而歸的情形下，省美館爲何可輕易帶回《蓮池》呢？根據倪再沁本人的說法，除了上述擲出神筊的因素之外，他以「連哄帶騙」的方式，告訴藏家：「日人出價二千萬，同樣的價格美術館亦可考慮，惟需先帶回請專家檢查、重裱」於是，藏家在此情形下同意，讓倪再沁帶回《蓮池》。此時，倪再沁心中早已開始盤算如何讓《蓮池》永遠典藏在美術館裡，他表示：「收藏者家屬參觀省美館的典藏設備後，原則同意寄藏畫作，這距離使畫作入藏省美館的目標，又向前邁進一步，最理想的狀況是：收藏者也願意比照李仲生基金的模式，將寄藏畫作捐贈館方。」。況且，《蓮池》因年代久遠必須維修，「省美館恆溫恆濕的典藏環境，對保存此畫而言，不但具最有利的條件，同時在庫房中可以平放，這在藏家家中是無法辦到的。」於是，《蓮池》就這麼進入了省美館的庫房。

同年十二月三十一日，《蓮池》順利通過省立美術館八十七年度東方媒材類典藏委員會審查，對於《蓮池》能入庫，典藏委員們都相當驚訝且興奮。然而，若以八十六年度省美館總典藏經費僅二千多萬而言，根本不可能購藏單價便高達二千萬的作品；所幸，倪再沁以典藏台灣美術經典作品爲由，爲八十七年度爭取到七千萬的典藏經費。原以爲可以順利以約二千萬買下《蓮池》，作爲省立美術館的典藏品，然而，卻有省議員嚴加反對，以致作成所有典藏品皆不得超過一千五百萬的決議。一千五百萬距離收藏者要求的價碼還有五百萬元的距離，至此，典藏《蓮池》的計劃陷入膠著狀態。

不死心的倪再沁開始四處募款，然而，因經濟不景氣，募款無著落，於是在無計可施的情況下，於 1999 年二月二十四日召開記者會，發起募款活動。希望能召集至少十九名愛畫人士一起贊助捐贈，以團體的力量爲台灣留下美術史上的見證。省美館爲了感謝捐款人，將刻印捐款人姓名於懸掛《蓮池》的館內牆面上，讓捐款人的姓名與《蓮池》同在，並爭取林玉山的授權，複製同樣大小的《蓮池》以複製畫致贈每一位捐款人。

由於日本京都的買家動作頻頻，倪再沁心急如焚，三月四日再次發佈新聞稿，並公告於全球資訊網站，決定以化整爲零的方式，分成一百萬、五十萬及二十萬的額度向民眾募款，希望能以積少成多的方式募得款項，將《蓮池》留下。

結果，這一波的募款活動，省美館只收到零星的小捐款，總共只籌募到三十一萬兩千元（其中十萬元爲倪再沁自掏腰包捐出，高雄美濃職員洪榮貴先生捐出二十萬元）。由於收藏家答應的最後募款期限已過，而且募款金額未達理想，要求省美館將畫作送回。

不氣餒、不想放手的倪再沁新生一計，將《蓮池》偷偷運到朋友的倉庫藏起來。對收藏者家屬則採取「拖延戰術」，一方面再「曉以民族大義」，動之以情，爭取畫留台灣，並要求降低價格，最後獲得收藏者同意，將價格由二千萬元降爲一千八百萬元。同時，省美館也積極醞釀下一波的搶救行動。

此時此刻，風雅的美術館宛如搶救《蓮池》的司令部，在搶救總司令館長倪再沁的帶領下，上上下下都動了起來。省美館在精心策劃之下，與台灣省美術基金會、中國時報、鴻禧美術館合作，並與多位文化界人士商議，決定發動第二波的救援行動。救援行動的計劃是，於四月十四日開始於鴻禧美術館展出《蓮池》原作一週，並於展覽期間義賣《蓮池》複製畫和海報。素來以展覽傳統文物爲特色的鴻禧美術館，由於四月份因內部整修而修館，特別爲《蓮池》挪出展覽空間，並免費開放參觀(原本該館的入場費爲一百元)，創下了該美術館展出當代美術品的先例。藝術家雜誌社負責人何政廣也捐出《台灣美術全集3：林玉山》(原價1800元)，送給購買複製畫者。省美館印製了一百二十幅《蓮池》複製畫和四千五百張海報。複製畫上有九十三歲高齡的林玉山本人，以工整俊逸的字跡親筆簽名，每幅兩萬元，海報每張兩百元。

這一波費心策劃的募款活動，獲得了藝文界熱烈的迴響。開展當天的記者會上，除了館長倪再沁之外，中國時報執行副總編輯莊展信、鴻禧美術館副館長廖桂英、藝術家雜誌社發行人何政廣都出席，一起說明了這波募款活動的策劃經過。館長倪再沁非常擔心再次募款能否成功，遂率先購買五張複製畫，分別送給第一波募款時捐出二十萬元的洪榮貴、收藏者家屬以及館內有功人員。沒想到，一公開義賣便引起各界的熱烈迴響，當天就有帝門基金會總裁黃宗宏認購十幅複製畫，大同扶輪社前社長許章顯，代表大同、建成扶輪社認購十張，美術學者蔣勳、三省堂負責人曾逢景、北美館劉如容等人，也表示要加入認購的行列。響應認購活動的民衆更是異常的踴躍，結果，展出第一天，一百二十幅複製畫已預約一空，四千五百張的海報也只剩四千多張。爲了不讓林玉山的畫作流落異鄉而展開的搶救行動，民衆展現了空前的熱情，主辦單位只好改以現場付款爲第一優先。

政治界人士也因從報紙得知林玉山的《蓮池》正面臨流落異鄉的命運，紛紛連袂前往鴻禧美術館一睹《蓮池》原作風采，並響應捐款義賣活動。當時的民進黨立委張俊雄、顏錦福與林文郎都在展出第二天上午便趕赴現場。張俊雄與林文郎當場便掏出兩萬元現金認購有林玉山親筆簽名的複製畫。身上沒有帶足現金的顏錦福也承諾，將聯合同樣出身於嘉義的立委翁金珠、范巽綠等人，發動嘉義同鄉會出錢出力，爲將《蓮池》留在台灣貢獻心力。

年屆九十三的畫家林玉山本人也親自前往鴻禧美術館，看著自己在二十三歲的年紀創作的《蓮池》，對於為留下《蓮池》而發起的全民募款活動所引起的熱烈迴響，林玉山謙和地笑著說：「我感到很光榮。」畫家溫文儒雅的氣質，也引起了現場觀者的注意，許多參觀者知道這位老先生就是《蓮池》的作者本人時，紛紛要求與畫家一起拍照留念。畫家望著自己年少之作，也是自己嫁出門日久的女兒，所有往昔創作《蓮池》的光景，皆歷歷如繪，記憶之清晰，宛如昨日一般，彷彿還聞得到當時空氣的味道，他說：「那種沉靜、空氣中透著陣陣清香的感覺」，《蓮池》就是要表現那種感覺。他細數著自己如何尋找題材與創作的經過，回想起自己當年的創作熱情，他說：「當時年輕，眼睛、耐力都好，現在的我無法再那樣畫了。」對於摸黑上山看蓮花，還餵了餓蚊一夜的艱苦，林玉山說：「不過，那個時代也沒有什麼辦法呀！許多朋友拚命畫要參加『台灣美術展覽會』，輸人不輸陣，再多的苦我也要撐下去！」如今，林玉山嘔心瀝血之作《蓮池》，在七十年之後，受到廣大民眾的支持，在台灣繼續留了下來，而且，進入美術館後，讓更多的人可以一起來欣賞，畫家對自己作品的心願「但願有人疼惜就好」，應該是美夢成真了。

發起全民募款留下國家藝術文化珍寶《蓮池》的活動過程中，許多民眾自動自發展現的熱情十分令人感動。其中，在第一波募款活動中便慷慨捐出二十萬元的高雄縣民洪榮貴，在《蓮池》於鴻禧美術館展出期間，仍舊非常關切募款的狀況，親自北上到鴻禧美術館關照，並為所有的工作同仁打氣、加油，大大鼓舞了工作人員的士氣。洪榮貴今年五十八歲，目前是美濃郵局的員工，本來想捐四十萬，但有人勸他捐二十萬即可，其餘的錢可留做自己之生活費用。他的美術創作也極具古典氣息，這二十年來，許多畫展與郵政總局所發行的郵票都有其畫作展現。《蓮池》展出期間，有一位非常熱心的楊女士，認真仔細閱讀過《蓮池》的相關報導資料，義務擔任現場的導覽義工，為參觀的民眾熱情解說。也有民眾在美術館接近打烊的時候打電話，特別請求美術館工作人員等他一下，而美術館人員也真地等到晚上七點，這位民眾立即一口氣買下十張的海報。

《蓮池》終於在千呼萬喚下留步，省立美術館與中國時報、鴻禧美術館共同發起的特展暨義賣活動，終於在各界的參與支持下，達到原訂募款目標三百萬元圓滿落幕。

台中國立美術館前館長倪再沁先生，於三年前因病去逝。他不辭艱辛，為國家重要文化資產之保存而努力奔走，才使「蓮池」順利成為國家永久保留的最高規格典藏，其偉大貢獻，令人景仰與欽佩。

蘭潭

曾祖父非常疼孫子，
曾經拿錢給「炸蚵嗲」店的老闆並說：
「孫子要吃，盡量供應。」

曾祖父非常疼孫子，曾經拿錢給「炸蚵嗲」店的老闆並說：「孫子要吃，盡量供應。」曾祖父六十歲時過世（當時我父親是六歲）；他的墓很特別，用四方型石材，每面寬約20公分，正面寫「張木生之墓」，長約100公分，由祖父書寫雕刻。曾祖父的父親，我們要叫「太祖」，在他兩位墓前有兩條魚，每當下雨時，魚口會流出水，將墓前洗得乾「淨」。那時正是祖父張長容賺大錢的時候。我在想，可能太祖的墓地是龍穴吧。沒多久，因蘭潭擴建水庫，政府下令居民住家與祖墳都要遷移，後來遷到嘉義水上鄉的增光寶塔。

圖左：蘭潭水岸一隅。

圖右：蘭潭邊畔。

國華街是木生藥房起家的路，所以特別親切，約在民國 31-32 年祖父購了土地約 80 多坪，它有二間店面寬。

二樓建築物開設「西安館」旅社，房東將土地及房屋賣給我們，經營者 (租客) 照常營業，房租則由我們來收。

另外靠近火車站二間店面，可以說是嘉義市整條中山路最美的店面，那是日本建築師所設計的，騎樓間的黑色圓柱，一見就很氣派。當時的租客是製造皮鞋，土地約 60 坪。在西安館北邊 50 公尺，另有一間店面，後面很寬，土地約 80 多坪。

民國卅四年二月美國接到情報，
日本軍隊用火車運火藥炸彈，
正好暫停在火車站，
美國飛機投炸彈，
將這些炸彈全部炸廢，
半個嘉義市都燒光光。

圖左：國華街懷舊老者故事云。
圖右：老巷光彩街晨光窗外取景。

西安館

嘉義市大火燒光光

民國 34 年 2 月美國接到情報，日本軍隊用火車運火藥炸彈，正好暫停在火車站，美國飛機投炸彈，將這些炸彈全部炸廢，半個嘉義市都燒光光。從延平街的老家可以看到火車站中山路二間店都被燒毀，中山路從火車站到噴水圓環，所有房子都陷入火海。

民國 34 年 5 月美軍飛機又來轟炸我們老家，延平街的房子全部被燒毀，租給他人開西安館旅社亦化爲灰燼。

菓園買入時原有一棟台式平房，
一廳二房由外曾祖父林臥雲先生搬去住。
這時他是六十一歲，
自稱為「六一山人」。
閒暇之餘，外曾祖父總會走到檳榔樹下，
撿拾落下來的葉子，
泡水後剪成扇子，
曬乾後並在上面畫圖與寫字，
書法與國畫都美。

民國 32 年 (1943 年)，祖父買了林森國小後面的果子園，裡面種有許多市面上看不到的南洋水果，面積大約二甲半、7,500 坪左右，並請工人開路，種有大王椰子樹在兩側，園內造有巨型臺灣島的假山魚池，種了很多花，還有石桌、石椅，是請專業園藝設計師造園的，取名「力園」。

但是人算不如天算，日本陸軍汽車修理隊來借用，並將房屋佔用爲辦公室及住宿。民國 33 年 (1944 年)，政府下令市民疏散到鄉下，原本準備好的房屋因爲被軍隊佔用，不得已只得搬到近吳鳳廟附近，找上遠親「茶仔姑」的家，向他們租房子。

祖父一方面向汽車修理隊討回房屋，他們同意，大約經過一年後，民國 33 年底，才將房屋歸還給我們。於是從吳鳳廟那邊搬到果園，也就是「力園」。菓園買入時原有一棟台式平房，一廳二房由外曾祖父林臥雲先生搬去住。這時他是 61 歲，自稱爲「六一山人」。閒暇之餘，外曾祖父總會走到檳榔樹下，撿拾落下來的葉子，泡水後剪成扇子，曬乾後並在上面畫圖與寫字，書法與國畫都美。

力園

圖左：中間坐者為外曾祖父林臥雲，
右方蹲者為祖父張長容。

圖右：吳鳳廟後庭迴廊。

嘉義市有鷗社、麗澤吟社、嘉社……等詩社，每月都有聚會。「慕元樓」是詩友見面的會場，會後聚餐都是辦桌兩三桌，提供獎品給作詩活動之狀元、榜眼、探花……等人，吃飯和獎品等，所有開銷都是祖父提供。

昭和九年（1934 年）四月七日，五州（台北、台南、新竹、台中、高雄）詩人聯吟大會，由台南州主辦，嘉義市輪值於嘉義市公會堂。集全臺島六十七社，詩人 231 人到會，祖父張長容也在照片當中。

祖父也追隨老丈人林玉書先生加入詩社，可惜在 49 歲時，心臟病發作，因為瓣膜不緊，打出去的血又流了回來，一個心臟腫成兩個大，當時醫學能力還無法開刀，每日吃「可拉明」（瑞士製），在嘉義醫院住院半年，50 歲過年，他非常高興說：「上壽了」（台灣人說「夭壽」，是指 49 歲以前過世）。

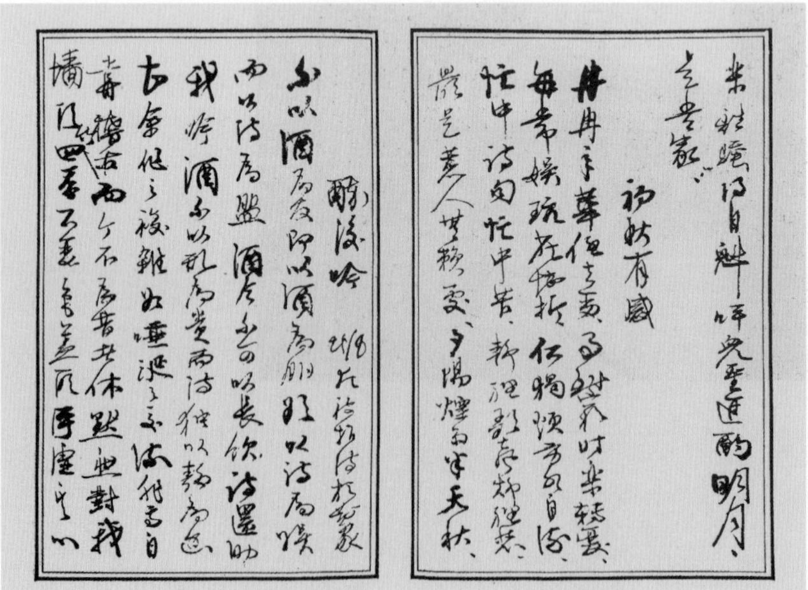
初秋有感

醉後吟

詩社

嘉義市有鷗社、麗澤吟社、嘉社……等詩社，每月都有聚會。「慕元樓」是詩友見面的會場，會後聚餐都是辦桌兩三桌，提供獎品給作詩活動之狀元、榜眼、探花……等人吃飯、獎品等，所有開銷都是祖父提供。

圖左：外曾祖父林臥雲先生手寫之詩稿。

圖右：林玉書（臥雲），戴眼鏡中排，右邊數來第五位。林玉書前面，坐在第一排的，我祖父張長容。

位於台南縣白河鎮關仔嶺風景區內，枕頭山麓西南側，又名水火洞，地質特殊，壁上冒出天然氣，可使點燃的火焰，永不熄滅；同時，又有泉水從崖壁細縫中潺潺流出，形成水中有火，火中有水的特別景觀，水火同時並存，實在少見。

碧雲寺，寺中有對聯：

火性全無一片慈悲隨地現

山門不遠大開方便勸人行

——— 民國三十四年冬月 張長容敬書

那正是我祖父的書法，而林玉山的書法對聯 也在廟裡：

碧海靜波濤一片慈航遠渡

雲山多雨露千方法界皆春

——— 民國三十四年陽月 古桃城 玉山道人敬書

台南水火同源

碧雲寺座落於台南縣關仔嶺半山腰中，坐東向西，背倚秀麗的枕頭山，面迎廣闊的嘉南平原；四周碧綠青翠，雲煙縹緲，「水火同源」與本寺同屬一脈源，地下蘊涵豐富之天然氣，故名「火山碧雲寺」。

圖右：碧雲寺對聯，林臥雲題字。
(圖左為局部)

清康熙四十年（西元一七〇一），第一代開山祖師釋應祥，由福建省泉州府名刹開元寺奉請一尊觀音佛祖聖像，渡海來台，從竹仔港（今高雄縣永安鄉）登陸上岸，隨後寄居於阿公店（今高雄縣岡山鎮），數月後爲了尋找更適合參禪悟道的環境，再奉迎觀音佛祖遍遊南部各大叢林，最後於枕頭山下（今台南縣白河鎮仙草埔）暫且落腳。時光荏苒，歲月如梭，如此過了數年，由於應祥師通徹孔孟之學及勘輿之術，發現於枕頭山南麓半山腰有一處「半壁吊燈火」之靈穴更適合靈修參禪；應祥師遂獨自帶著觀音佛祖上山，披荊斬棘，草建茅堂，即爲碧雲寺之前身。

嘉慶三年（西元一八〇三），有安溪、土庫、番社（今東山鄉）儒生林啓邦等八位，因仰慕應祥師學養品德，而前往拜師苦讀。嘉慶十一年（西元一八〇六）前往福州赶考，連書僮九人皆應試登科，九人感佩觀音靈佑，於是合資大銀千兩，購買當時師徒所開墾的田地（俗稱九股仔，今碧雲公園），捐作寺產，並於嘉慶十三年（西元一八〇八）正式興建寺廟，稱爲碧雲寺。

圖右：臺南關仔嶺碧雲寺。

碧雲寺範圍內有兩處靈穴，現今正殿是處「鳳穴」，後山南北兩側山脈是為鳳翅；「半壁吊燈火」靈穴即今三寶殿前香爐位置，兩穴互為文集；相互共構營造成三百餘年之靈山古剎。由於碧雲寺財力拮据歷經嘉慶、咸豐及光緒等年間次第興建完成，本寺右側豎立一塊嘉慶十六年（西元一八一一）的「玉枕火山碧雲寺募爲緣業碑記」，以資佐證，碑記內容大意如下：.

碧雲寺爲嘉邑名勝，觀音大士英靈遠庇早已膾炙人口，然而寺無緣業，僧家難爲無米之炊。嘉慶十六年，張士輝等二十善信，計鳩銀三百二十六圓，買糞箕湖山腳墾田，大武龍派社番目荒埔園，永爲寺中香煙，以迓神庥。

圖左：臺南關仔嶺，水火同源地景。
右下：關仔嶺碧雲寺對聯，林玉山題字。（右上為局部）

碧雲寺是座佛、道、台灣民間傳統信仰兼祀的佛剎，這在早期佛剎頗爲常見，也因此碧雲寺的信衆涵蓋了佛教與道教，在親和力與善化人心方面有更大的作用。大部份建物構造仍保存閩南及日式混合風格，其洗石子的大量使用是一大特色，正殿及山門之剪粘、泥塑極具地方色彩，最引人注目的是山門外的一對笑獅。民國三十八年，住持霖淨法師、明淨法師率衆擴建清虛宮（天公廟），至四十三年完工。

衆信爲維護寺的權益，按照政府法律規定，於民國四十三年成立火山碧雲寺管理委員會，由陳澄沂先生膺選爲首屆主任委員於民國五十五年興建地藏王寶殿，由各方檀信佈施捐獻大力支持，於民國五十六年竣工，民國五十九年間，又接著興建古宮殿式三寶殿，民國五十九年八月間宣佈撤銷原有組織，重新改組爲財團法人火山碧雲寺董事會，並報請台南縣政府核備。

（本文參照廟方董事會核定文字。）

張國周先生是嘉義縣大林鎮的人（本姓劉），家內共有四兄弟，他排行老二，因人口多、開銷大，家境並不富裕。鄰居有一對張姓夫妻，結婚約二十年都沒有生小孩，開銷少，比較富有。這對夫妻，男的姓張、女的姓江，兩夫妻到鄰居劉家去商談，請劉家同意，老二國周及老三國樑，送給張家當養子。老二傳父姓張、老三傳母姓江。

張家附近有一家中藥店生意很好，尤其是這家的「胃散」很有效，顧客很多，因此少年時期的張國周，就下定決心對胃藥的研究，後來到日本讀藥劑師。這時我祖父的弟弟，也在日本留學，因爲同姓張又來自同鄉，就成爲好友，並介紹與祖父認識。

這時期，祖父已經在西市場口開「木生藥房」專門賣西藥，生意很好，店員四、五名，祖母專門收錢、找錢。張國周與祖父倆人見面後，志趣相投，很快的變成至親好友。暑假期間在嘉義病院實習，晚上都住在我們嘉義老家，父親的兄妹都叫他「國周叔」。

日治時代，張國周在台南市鬧區開「資生藥局」，生意好，賺了不少錢，在台南時亦開藥廠，製造強胃散、風神（感冒藥）、強皮（皮膚藥）。光

父親在台視當歌仔戲製作人時，音樂指導由張國周擔任，當時楊麗花是主角，轟動全台，後來聘請楊麗花拍強胃散的廣告片。

圖左：張國周強胃散當年的宣傳廣告。
圖右：張國周強胃散現代詼諧的廣告。

張國周強胃散

復後，來台北中山分局後買日本舍宿。土地約 100 坪，木造房屋，在這裡製造了強胃散。

強胃散的業務及廣告都由張國周的弟弟江先生負責，廣告都用旅行車帶放映機，在各地廣場放電影給百姓看，並發強胃散的試用一小包，因爲藥效好，大家都稱讚。

民國 51 年台視成立後，將廣告模式加入電視廣告。

政府在中壢開發工業區，張國周就在高速公路邊購一千多坪的土地，並蓋廠房，面向公路有廣告招牌。

父親在台視當歌仔戲製作人時，音樂指導由張國周擔任，當時楊麗花是主角，轟動全台，後來聘請楊麗花拍強胃散的廣告片。

張國周與弟弟二人的酒量都非常好，啤酒可以說百杯不醉，他對藥有深入研究、對書法也有興趣，「張國周強胃散」這六字是他寫的。張國周對音樂也有興趣，會拉胡琴，70 歲時因肺氣腫結束了他的生命，他可算是一位成功的企業家。

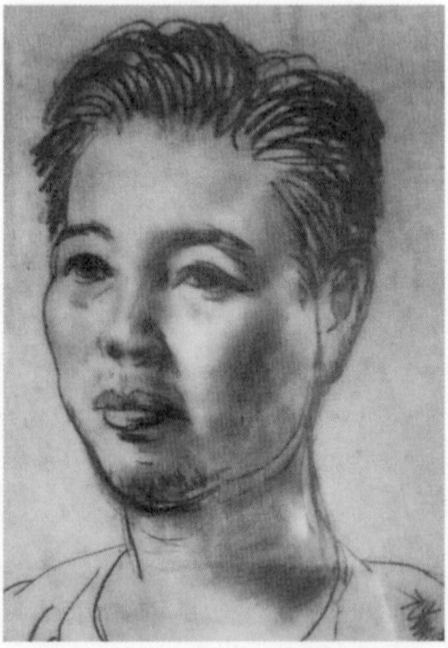

圖左：席得進畫我祖父張長容。
圖右：嘉義中學現址。

父親在民國37年考上嘉義中學初中部，當時的美術老師就是席德進先生。席德進年紀很輕，只有25歲，剛從杭州藝專畢業即來台灣。與他同時來的另一位美術老師是吳學讓，亦是杭州藝專畢業，吳老師是國畫，席先生是西畫。

另一位祖父的好友，是曾經得過第四屆台灣省特選的林玉山先生，他的成名作「蓮池」，由我的祖父以當時150元買下來。大約在民國36年春天寒假時，台北的總統府舉辦博覽會就有展出。展覽前林玉山先生來向祖父借那張「蓮池」參加展覽，該圖現在是台中市國立臺灣美術館的鎮館之寶。

民國37年大陸國共內戰，許多人跟隨國民政府來台灣。席先生不會講國語，只會講四川話，他講家鄉話學生聽不懂，所以上課很少講話，拿個花瓶放在桌上讓學生自己畫，下課前，由班長收學生圖，交老師打分：60、65…85，分數打好後，發還給學生。席先生因語言關係，無法教學生如何畫圖，但他很認眞到處寫生，從小就立志要當畫家。

席德進

大約在39年春天黃昏時，席先生與另一位朋友散步，到嘉義市延平街我們老家，父親正好在門口，看到就請他們上「慕元樓」。映入眼簾的是牆上掛著何紹基、王仁堪、陳澄波、林玉山…等名家的字畫。當天祖父正好在樓上，席先生就當場用毛筆給祖父畫像（圖左），後來感覺不太好，又用鉛筆畫了一張人像，很好看，祖父也很高興。聽吳學讓老師說，席先生的人像畫是他們班上第一名。

民國46年父親在台北市中山北路一段一家美術社，看到有出售席先生的畫，一張400元，父親就從該店騎自行車，到公館新店線鐵路邊一家日式房找到席先生。

後來有一次去找席先生時，有一位年輕小姐匆匆走出門去，父親問候席先生，他說：二人在東門游泳池認識，是客家人、身材好、臉普通，我勸老師與她結婚，席先生說：「女人囉嗦」。後來有一位英文秘書先當他學生來學畫，後來表明願意嫁給他，也被席先生拒絕。這位女人後來也嫁給一位畫家，生了三個孩子。

民國 47 年席先生第一次辦展覽，在台北市中山北路二段，父親就買了一張淡水的風景畫，700 元，當時出名的郎靜山先生，也在場拍照。

席先生每天早晨都聽收音機學英語，因爲他的客人很多都是外國人，所以簡單的會話可以通，大約有 6-7 位大使夫人，都曾找席先生畫過人像。

民國 50 年左右，美國國務院在全世界找菁英人物，邀請到美國參觀遊覽，並推廣美國強盛國力，行程大約二星期，費用全部由國務院支出。正聲廣播公司夏曉華總經理亦被邀請，席先生知道這個消息，拜託美國大使夫人幫忙，赴美後。美夢成眞。在美國旅行解散後，他飛到德國、法國、英國…等國，這時只好靠他的專長替人畫像，才能生活，並到處參觀美術館。

數年後 (1966) 才返回台灣，並在新生南路的巷子，買了一間約 25 坪在四樓的房子。有了房子，晚上回到家只有一個人孤零零的，這時席先生認識了 16 歲少年高川，原來他在和平東路美術社當員工，製作油畫帆布，兩人很投緣，高川就辭了工作搬到席家，二人住在一起。高先生是吃素的雲林古坑人，席先生也將就他，在家吃素，出外才吃葷。這時父親在路邊看到有人將神明桌丢在路邊，都是檜木製成，父親 s 問席先生要不要？他看了後說「要」，就請小卡車運到他家，還用繩索由窗口拉上去，然後將頂桌的四支腳切去，成爲長條座椅，這種家俱，全台找不到第二座。

圖左：慕元樓現址週邊斑駁的信箱。
圖右：慕元樓現址街景。

嘉慶大廈

1970 年左右，高川被派到關島當油漆工，一年多後存了一些錢返台，與吃素的女朋友結婚，不久生了一個男孩，叫席先生爺爺，一家四口樂融融。這時席先生將西畫的技術用在宣紙上作畫，報紙副刊常登席先生新創畫作，觀衆耳目一新。1975 年先生獲中山文藝創作獎，並被師大聘爲兼任副教授，1977 年被聘淡大建築系，教授水彩。這時我們台北家隔壁就蓋一棟房屋，第三樓，大約 26 坪，介紹他購買；約半年後，他買了一台英國製 1000CC 的二手小汽車，晚上都請父親到國父紀念館教他開車，後來到監理所考駕照，亦由父親陪他去，順利的拿到駕照。

1979 年在台灣看報紙，先生得知老師林風眠，逃出大陸住在香港，飛到香港並向他買了幾張圖。

1980 年 8 月先生發覺體內有胰臟癌，醫生說要開刀切除，他不同意開刀，只將膽管切除，使膽汁流出體外，再飲回去。這時候的他，背著膽瓶到處跑，說「軍人要死在戰場、畫家要死在畫架下」，所以還到處去寫生。當時報紙每日都有他的消息，電視台也常有報導。

1981年6月在版畫家，阿波羅、龍門畫廊辦畫展，購買者很多，大約有5-6百萬的收入，七月台大醫院有頭等病房得以住進去，這時因要成立基金會，所以選盧精華、盧聲華、吳學讓、張杰、李錫奇、張振翔、張壽輝七人爲董監事，並由七人辦理後事。這時台中大肚山花園公墓正好成立，席先生花42萬，買了70坪的地，墓的樣式他自己設計畫好圖、棺木的外型也有圖，由高川哥哥替他用台灣檜木製造，墓碑的字請張大千先生寫，墓園內有涼亭都是席先生自己設計的。

1981年8月3日病情惡化，嘔血不止，於凌晨時與世長辭，實歲58歲。席先生新生南路的房贈與給高川，兩、三個月後，高川太太生第三胎，是男孩，就命名「高席懷」。席先生的遺物，有大千及林風眠…等名家畫作，還有席先生的圖，一百多張，都送到松江路席先生的畫室，24小時都有人看管，後將遺物交給台中國立臺灣美術館去管理，父親亦辭去了基金會委員的職務。

圖左：席德進先生畫我父親張振翔。
圖右：嘉義公園廊景。

第二篇章

一元

始於嘉義

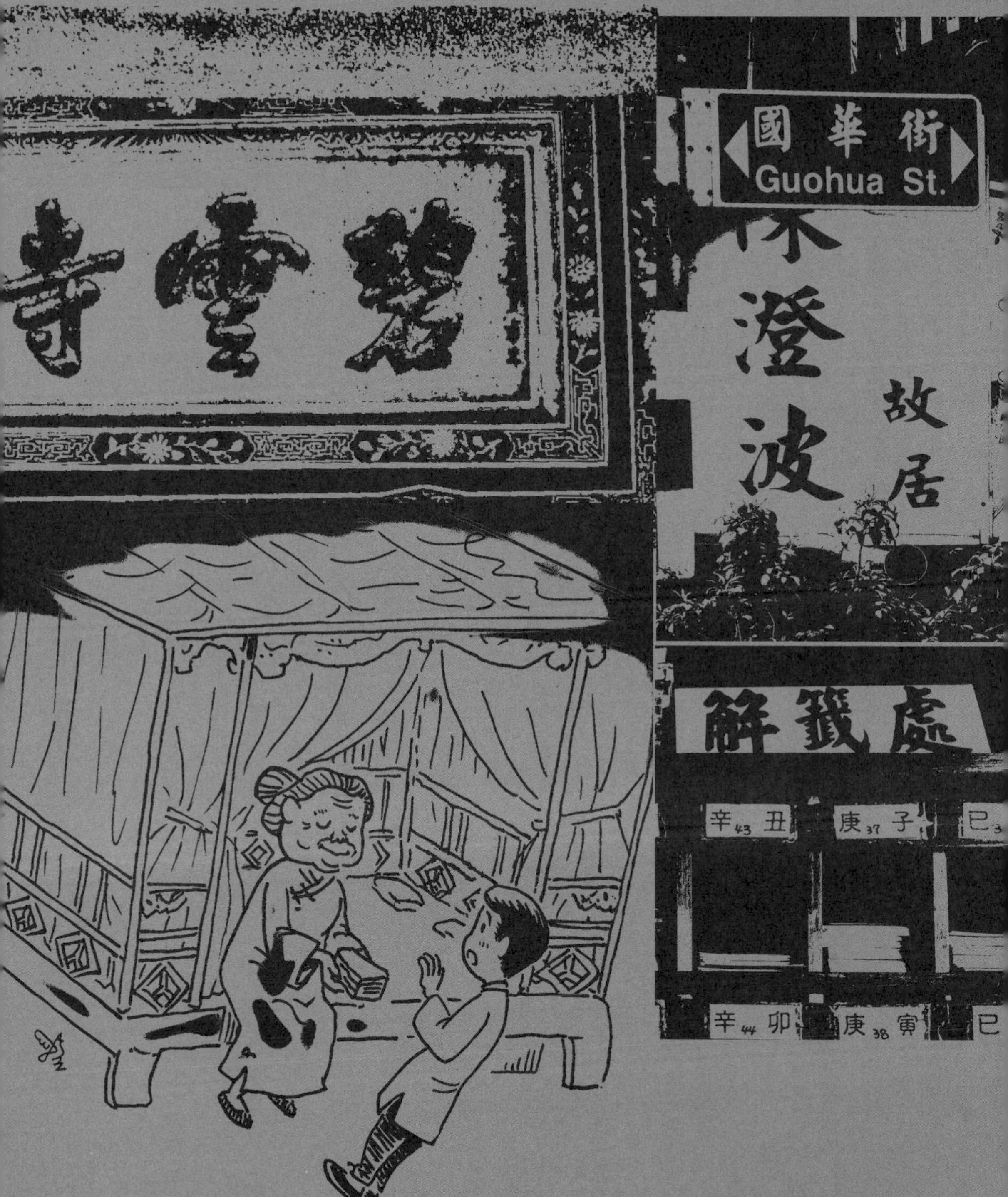
碧雲寺
國華街
Guohua St.
澄波
故居
解籤處
辛43丑
庚37子
巳3
辛44卯
庚38寅
巳

因爲這本書的撰寫，有機會與父親長談，因此更加了解家族的歷史與記憶。父親說，高雄的壽山醫院就座落在前金長老教會附近，是一座四層樓的日式水泥建築。該醫院的院長就是由外曾祖父林玉書（臥雲）先生長子林啓三所主持。林啓三醫師的夫人就是當年市長楊金虎的妹妹楊金寶，她活躍於政壇，曾擔任省議員、國大代表、婦女會主席等職務。祖父張長容因心臟病住院壽山醫院，也是因爲這一層姻親的關係，才選擇從嘉義到高雄醫療。當年心臟病患者，沒有人工支架植入心血管手術，無法擴大血管的流通，只能消極地用藥物控制病情。

民國四十一年十一月三日上午八點二刻，祖父張長容因心臟擴大，逝世於高雄壽山醫院，享年五十。我的祖母張林快親伺在側，目送摯愛的人遠離；她當年才四十八歲，必須獨自一人撫養十二個小孩。我的父親張振翊，目睹其父閉眼長逝；當年的他，只是一個剛滿十八歲的青年。家中所經營的「木生藥房」生意，暫交給二伯、二姑和三姑合力經營，「木生藥房」的靈魂人物張長容，再也無法親自照顧生意，無緣與鄉親閒話家常了。

從祖父說起

民國四十一年十一月三日上午八點二刻，祖父張長容因心臟擴大，逝世於高雄壽山醫院，享年五十。我的祖母張林快親伺在側，目送摯愛的人遠離；她當年才四十八歲，必須獨自一人撫養十二個小孩。

祖父臥病時，曾邀請蘭大衛（David Landsborough，1870 年 8 月 2 日—1957 年 10 月 14 日）醫師來協助，但因當年無置入擴張支架之心臟開刀技術，只能服用減緩心臟腫大之藥物。

祖父過世以後，其大體就用擔架直接由醫院二樓病房，將窗櫺實木拆除，而不經醫院樓梯到一樓送出，這種作法，據家父口述，是一種尊重當時醫院的作法。因為大體從一樓大門出去，是件不好的事。

「父親於民國 41 年 11 月 3 日早上八、九點，在高雄市五福四路壽山醫院過世，當日叫車運回嘉義延平老家，當天晚上大嫂生了張國興。這表示這個家少了一人，馬上補上，不會因主人的過世而讓家族走下坡。」我的父親張振翔如此寫道。

左上：祖父張長容先生。
左下：祖父張長容書法作品「神」。
圖右：彌陀寺外草木繁盛。

人群隨著道士的嗩吶聲，緩步把祖父張長容的棺木送上嘉義彌陀寺墓園，那兒是張家先人墓地的集中地。送行的人除了親友之外，還有一位中年男子，他小我祖父四歲，是多次得過日治時期台展（台灣美術展）最大獎的藝術家林玉山先生。

林先生本名「英貴」，是嘉義的著名畫家。他的傑作「蓮池」，在 2015 年 5 月 7 日，被文化部審核通過，成爲台灣國寶。這張「蓮池」是林玉山 24 歲時，趁天剛亮，到臺南市白河區內角「牛稠埔坑」的大蓮花池寫生而得。祖父與林玉山先生一直是好友，也是藝文的愛好與收藏家，這張「蓮池」當時由祖父買入，買價是日圓 150 元。祖父的喪禮，來了這位藝壇的中壯青年，讓大家都感到欣慰。林先生是一位有情有義的人，他爲好友親自出席整個葬禮的過程，爲我祖父「送上山頭」，誠摯的心意，令我感動。

祖父的喪禮，
來了這位藝壇的中壯青年，
讓大家都感到欣慰。
林先生是一位有情有義的人，
他為好友親自出席
整個葬禮的過程，
為我祖父「送上山頭」，
誠摯的心意，令我感動。

圖左：祖父張長容書法作品，「書為天下英雄業」。
圖右：彌陀寺外風景。

美軍飛機每日上午九點或十點時就來轟炸，他們知道嘉義地區的房屋都是木造的，所以不投炸彈，都投「燒夷彈」。第一次來炸，就燒了半個嘉義市。從火車站到中山路噴水池，我們家在中山路與分局中間有兩間店面全被燒光；國華街二層樓租給人家開「西安館」，那旅社也被燒了。火燒時，祖父叫爸帶走一個帆布袋，內裝現金貳萬元（現在價值約一百萬台幣），及我家所有權狀，那時爸只有 10 歲，以其矯健身手，不辱使命，完成任務。家裡原有十台自行車，只有爸騎的那台 26 型，沒有被燒到，其他都被燒毀，連那一台 150CC 德國製機車也燒了。

1943 年祖父將西市場口的店交給其弟經營，並在府路巷購一幢三合院送給他的弟當住宅。我們所知道的叔公，年輕時遊手好閒，一些朋友與人打架，刑警要抓他，所以祖父託朋友將他送到東京，返台後他變成留日人士，交遊廣闊，認識了彰化望族楊家的小姐，結婚時還有「隨嫁」（傭人陪嫁到夫家），婚後生了兩個女兒，老大張碧雲的丈夫，研製「喜年來蛋捲」成功，變成老闆娘。

火燒時，祖父叫爸帶走一個帆布袋，
內裝現金貳萬元
（現在價值約一百萬台幣），
及我家所有權狀，
那時爸只有十歲，以其矯健身手，不
辱使命，完成任務。

當年啊！

祖父還有一個妹妹，我們叫姑婆，是一位助產士（產婆），嫁給叔公的留日同學，是旗山的望族，姓郭，生兩個女兒後離婚；後又生一男，是電子方面的博士，現住美國。

曾祖母名江近，是台灣嘉義縣中埔鄉灣潭人，她曾經說：我們的祖先有一位舉人，當官出門要打十三個馬頭鑼。經查應是福建漳浦縣張若化先生。祖母有一個姪子叫江文峰，是醫學博士，曾經在大陸大連市開業婦產科醫院，賺了很多錢。民國 38 年因國共戰爭遷回台灣，並在嘉義市中正路開南京醫院，招牌的字都是祖父所寫。1952 年祖父心臟病時，將「後事」都拜託文峰先生辦理，文峰叔公在嘉義開業約十年，之後搬到台北市八德路一段空軍新生社對面，那是一間四層樓的店面，整棟樓都當醫院及住家，我與二弟，都在那裡出生。

圖左：嘉義市中山路。（照片來源：日本人之攝影作品）
圖右：耆老話說當年的「自行車牌」。

曾祖母還說：嘉義以前稱爲「諸羅山」，乾隆年間土匪林爽文圍城，老百姓協助清軍固守城地，城內的人寧可吃樹皮亦不投降，後來福康安將軍來救援，清廷下詔賜名「嘉義」。

嘉義市的西南邊有地方叫「溝尾」，是王得祿的故鄉，他做官是閩浙水路提督，太子太保，聽說：一日有一斗金一斗銀的收入，共有九位夫人。他的墓地在新港鄉番婆村，有兩位夫人葬在左右，聽老人家說：王大人的棺木是橫著抬，朴子的房屋有些被拆，所以朴子的人對王大人的印象不佳，他的故鄉後來改名爲太保鄉。嘉義市東邊有個阿里山，日本人爲了要木材，而造了聞名世界的高山鐵路，全長 72 公里。阿里山原本是 3,000-4,000 年的原始林，大部分是檜木、杉、松、柏等等，珍貴林木都被日本人砍去。

山葵是阿里山的特產，80% 都被日本買去。現在鐵路還在，也有公路可上去，這裡的櫻花在二十年前是全台最美的。現在還生產高山茶，品質很好。

曾祖母還說：
嘉義以前稱為「諸羅山」，
乾隆年間土匪
林爽文圍城，
老百姓協助清軍
固守城地，城內的人
寧可吃樹皮亦不投降，
後來福康安將軍來救援，
清廷下詔賜名「嘉義」。

圖左：嘉義市西南「溝尾」小路、溝尾王得祿墓碑文誌。
圖右：溝尾王得祿墳墓碑石現址。

回顧她的一生，
對我們晚輩也
都能勉勵有加，
從日治時期，
走過民國時代，
相夫教子，
有為有守，
是台灣傳統婦女
的典範。

我的祖母張林快，是日治時期，嘉義市中心的南北貨大盤商「泰昌號」林仲生老闆的第四個女孩。因林的胞弟林臥雲結婚初年沒有小孩，林仲生把林快過繼給林臥雲領養，成爲林臥雲的大女兒。遂後林快嫁給張木生長子張長容，成爲我們張家的靈魂人物。在我的印象中，祖母是個高大微胖的人，身手矯健俐落，待人熱忱親切。每逢親朋好友，經常詢問人家「吃飽了沒？」她的廚房有如百寶箱，客人來時，她總能很快的變出許多菜色來款待佳賓；因此她的烹調是又快又好，辦桌宴客也難不倒她。

祖母年輕時，曾上過小學，也懂女紅，會親手設計刺繡的圖樣。街坊鄰居，總有人登門請她指點，她不一會兒就把花鳥的圖案繪成，只收當時一元的酬勞，可以說是多才多藝。

祖母生了 12 個小孩，共是 8 女 4 男，其中 5 個女孩長大都在美國求學、工作，可謂是一門女將，毫不輸男生的表現。另外 4 男，有在學校教學、與商場做生意的，各有其一片天。

我的祖母

圖左：1988 年祖母從蚊帳中取出台幣一萬元的私房錢，勉勵我努力。（繪製／奇兒）

圖右：祖父母結婚照。

我父親排行男生之老三，21 歲即來到台北工作，但每年總會開車載我與兩位弟弟一同返回嘉義老家。阿媽的笑臉迎人，總是對我們噓寒問暖，令人感到家鄉的溫馨。29 年前我通過托福考試，要到美國留學，阿媽當時已罹患白內障與嚴重的糖尿病，她在微光中，從蚊帳中取出台幣一萬元的私房錢，勉我努力，成爲她第一個到美國留學的孫子。我到美國一個月後，她驟然長逝，享年 84 歲！

回顧她的一生，到親友家吃酒筵，新的菜色，吃過不忘，返家即能做出一模一樣的大菜，可謂廚藝精湛，對我們晚輩也都能勉勵有加，從日治時期，走過民國時代，相夫教子，有爲有守，是台灣傳統婦女的典範。

祖母善於烹飪

祖母善於烹飪，殺雞鴨時，她總會唸唸有詞：「做雞做鳥無了時，緊緊去出世做富貴人家孩兒，頭前魚池，後邊果子，觀音佛祖帶你去。」唸完即動刀，雞血用碗收集，二三十分鐘後變硬塊，整塊落鍋煮。

每年冬至，祖母都要殺十隻左右的雞鴨，加「十全大補漢藥」燉上一兩個小時，每個孩子可吃半隻雞、麵線和湯圓。 「十全」就是將八珍湯加黃耆、肉桂配成，其組成爲人參、茯苓、白朮、炙甘草、川芎、地黃、當歸、白芍、 黃耆、 肉桂共十味中藥。有溫補氣血的功用。主治氣血不足、諸虛百損、頭暈目眩、虛勞咳嗽等症。

圖左：我的大姑，二姑，四姑，與二伯。
圖右：祖母有十二個小孩。八女四男 。

七十年前的三月二十五日 (1947)，陳澄波先生因仗義執言，爲嘉義鄉親，挺身而出，向國民黨來台接收的軍隊談判，卻淪爲軍方殺雞儆猴的槍下犧牲品。

他的雙手被鐵絲穿過，身上中槍，那白色麻衫，猶留有陳澄波先生的血跡，衣物所幸被存留了下來，成爲 228 歷史的一部分。他的遺書賺人眼淚，特別是在自己命危之際，囑咐女婿蒲添生要負責後事，並關切台灣畫壇的團結與成長，是個至情至性的漢子。

他的名言「我是油彩的化身」，是深刻、簡短、令人難忘的話；用生命熱愛這片土地、人民與畫作，是藝術生命淬鍊昇華到極致的表現。他的畫有台灣味－淡水夕照， 玉山積雪， 嘉義公園，都是題材。曾入選帝展多次，我的外曾祖父林臥雲先生也曾爲文祝賀他的藝術成就。

圖左：陳澄波水彩，1930 年繪于南海普陀山之南天門。
右上：陳澄波畫普陀寺，父親張振翔與陳澄波之子陳前民合照。
右下：陳澄波圖嘉義街景。

據家父口述，陳澄波兩眼炯炯有神，對景物、人情的觀察入微。他在1932年到日本東京留學，暑假回台，也到我的祖父家畫畫。他的畫風，有獨特創新的辨識性，是學院派中的素人，其浪漫天眞的成分，是那恣放的藍天白雲與悠閒的市井百姓。大膽的色彩與構圖，直入人心；特別的是他的畫作中常有電線桿出現，象徵電力帶來建設的進步力量。

陳澄波爲藝術而生，爲政治而死，是值得紀念的。其肉體生命雖停於五十三歲；其藝術生命，卻是永恆。

「二二八」成了台灣的一個特殊紀念日，直到今天，社會上人仍有許多恨無法撫平，我的詩如下：

七級浮屠最上德，海不揚波乃大道，

怨懟只能火加油，以愛化仇有福報。

陳澄波先生

陳澄波為藝術而生，為政治而死，是值得紀念的。其肉體生命雖停於五十三歲；其藝術生命，卻是永恆。

祖父眼見陳澄波之死，不涉政治，遠離白色恐怖。陳澄波給女婿蒲添生遺書 民國36年3月25日寫：

添生我的親婚呀！

你岳父這次爲十二萬市民之解圍，因被劉傳來先生之推薦被派使節經機場與市當局談論和平解決，因能通國語之故，所得今次殺身之禍，解決民族之自由，絕對天問心不愧矣，可惜不達目的而亡，不過死後之善後我家庭之維持如何辦法？

請多多幫忙你岳父之不明不白之死，請惜愛紫薇等之不周，你岳父在天可能盡力有日來報，賢婿之恵因不淺，嗚呼我的藝術呀！終不忘於世者是，你岳父之藝術可有達之至哉。敢煩接信之際，快點來安慰你岳母之康安否，善後多多幫忙幫忙。

告于藝術同人之切望

須要相互理解不可分折爲要，仍須努力，此後島内之藝術之精華永世不滅之強力前進，爲此死際之時，暫以數語永別無悔呀。

我同道藝兄呀，再進一步之結果，爲要呀，進退須要相讓勿可分枝作派，添生君多少氣有稍強敬煩原諒老兄之志望也。

鄙人的作品敢煩請設法，見機來作個展之遺作展也，希望三分之賣價提供于我台陽展之費用。

大概明天上午在嘉市離別一世呀。

嗚呼哀哉我藝兄同人呀，再會！

圖左：陳澄波故居。
圖右：吳鳳廟百世仁風雕像。

英名久遠著百世仁風史永傳
捨己度羣
廟貌巍然新

任何的威權體制，
都容易產生摩擦，
造成悲劇。
人們應從歷史當中
學習到教訓，
以愛的力量
化解紛爭與仇恨，
攜手同心，
讓社會國家持續進步，
文化的光華永久傳承。

1952 年住在嘉義市忠義街的青年張瑞峯與陳孋在我們老家慕元樓舉辦婚禮。張瑞峯是我們家的遠親，活到 86 歲，若還健在，今年是 90 歲。

張瑞峯也是 1989 年全台灣第一座 228 紀念碑的建築設計師（原始圖爲詹原三先生提供）。張瑞峯的西畫油彩極有美感，是陳澄波的學生。他親睹陳澄波因 228 事件而犧牲性命，心想，能爲老師做一件事，也算是應該的。

孰料，在那年代，張瑞峯之後的事業，也遭到某些有心人士無情的打壓。在事隔多年，我找到張瑞峯兒子張純菁先生，他今年 60 歲，大我四歲，樂意把慕元樓與 228 相關的歷史軌跡一一呈現。

圖左：慕元樓現址之巷弄塗鴉。
圖右：嘉義市 228 紀念碑（現已遷移至 228 紀念公園）。

1989 年，台灣剛解除戒嚴不久，張博雅女士第一次擔任市長時，依民意要籌建全台第一座 228 紀念碑，當時任職省政府主席的邱創煥先生考量諸多因素，曾致電張市長反對做此事情；但後來，此紀念碑仍然照計畫進行，矗立在嘉義彌陀路上。期間長老會的牧師與友人一齊呵護這高達 32 呎的巨碑之製作，每晚輪流站哨護衛著，深怕有人來加以破壞，半年後，這座由民間集資的地標，終於完成，爲了祈求斯土斯民的安康和樂，且在碑體積座底下置入了一本聖經，立足嘉義之重要幹道，成爲警世後人的台灣第一座歷史指標。

任何的威權體制，都容易產生摩擦，造成悲劇。人們應從歷史當中學習到教訓，以愛的力量化解紛爭與仇恨，攜手同心，讓社會國家持續進步，文化的光華永久傳承。

慕元樓的一場婚禮

嘉農因打野球（棒球）而出名，光復後改為農專，由農專往南行約二公里，有一個村莊叫做「湖仔內」，我們家在那裡有一塊旱田約二千坪，地上有十多間房屋，都是對面村民沒有經過我們同意所蓋的，每間約3-4坪。為何他們要在我們地上蓋房子呢？因為當時日本政府規定，公路西邊的人民男性每月要當五天的「義工」，住在公路東邊的人則不需要當義工。祖父度量大，沒有理他們，民國33年，祖父叫工人蓋一間木造房屋，大姑、二姑、三姑就搬去住，當地的人都非常親切，自動幫忙，從他們村莊，挑水來送給我們。

每年農曆三月「羅安公」的生日，村民都會做「紅龜粿、草仔粿、發粿」去拜拜，然後贈送給我們，光復數年，村民還送，這個村的人都很善良、重情。那時「羅安公廟」只有三坪大，數十年後的今天，已是一個百多坪的大廟。

祖父買這塊土地時，美國飛機常來轟炸嘉義，地政處可能無人辦公，所以也沒有辦理土地登記，光復後，原來地主知悉忘了登記，將錢寄回給祖父，這時祖父忙於重新開店做生意，反正沒有什麼損失，也就沒有再與原地主聯繫。

湖仔內 羅安公廟

圖左：羅安公廟現址。
圖右：「萬善公」石碑。

【羅安公廟沿革】2015.3.24，羅錕謀編撰
保安廟（舊名羅安公廟）主祀：羅安公

羅安，祖籍福建漳州金浦縣，清乾隆年間入墾台灣，定居嘉義湖仔內，為早期之移民先賢，後人尊稱羅安公。

清乾隆年間，唐山移民來台者眾，因開墾問題、生活競爭、社會結構變化等因素，導致利益衝突、治安敗壞，社會盜匪四起，時有土匪搶庄等情事。當時羅安公號召八掌溪沿岸諸羅城外四十九庄，組織鄉勇擊退群賊，保衛村莊，協助地方政府剿平亂民、山賊，守護湖仔內庄民生命財產，此即所謂「羅安救萬民」。

而後因地方派系傾軋，漳泉械鬥、閩粵分類，以及部份清朝治台官員之腐化，台灣三年一小亂，五年一大亂，影響地方秩序，清朝政府乃實行使閩人捕閩之首謀者，粵人捕粵之巨魁政策，用以誣陷地方忠良仕紳，使之易於治理台灣。

不料盜匪與地方派系勾結，控訴羅安公械鬥，羅安公因而被誣訴陷害，遭官兵捉拿。然而由於羅安公勇猛，難以拿緝，官員乃脅迫庄民交出羅安公，否則要滅庄。羅安公為了湖仔內全庄庄民的安全，決定自我犧牲，獻出性命，因而壯烈成仁，此即所謂「萬民嘸能救羅安」。羅安公成仁時嘆曰：「羅安救萬民，萬民嘸能救羅安。」此句名諺自此流傳於湖仔內庄民口中。羅安公死後，葬於八掌溪旁刣人園。

羅安公壯烈成仁的時間，據《臺案彙錄己集》所收清代福建台灣道楊廷樺之奏摺，羅安公被判處死刑時間在清乾隆四十八年（1783），其成仁時間或亦在此年。

傳說在大正甲子年（1924）元月，羅安公墳墓撿骨後，與一些抗匪義民之骨骸同葬於現在嘉義民生南路旁，並立有一重建之墓碑，以及「萬善公」的石碑。後來地方百姓因感念羅安公的恩德，還在大墓前建一小廟，俗稱「羅安公廟」（即今之舊廟），藉以保佑庄民，人們皆以「功存萬民」追思之。

羅安公在乾隆年間被誣陷獲罪，最後為了保護庄民而犧牲自己，此事後來被朝廷知悉，因此在嘉慶十七年（壬申年、1812）獲得平反，朝廷並追封羅安公為「威武將軍鎮南侯」，以表彰祂對百姓的恩德。此事由大正甲子年重建之墓碑即可推知。該墓碑文字如下：

「嘉慶壬申年元旦
御賜敕封威武將軍鎮南侯羅安及眾靈魂神位
大正甲子年元月重建」

依立碑習俗及上述碑文內容研判，羅安公是在嘉慶壬申年被追封為「威武將軍鎮南侯」，此時顯然已獲平反，洗刷了冤情，朝廷為了彰顯祂護衛鄉民、犧牲自我的偉大情操，而加以追謚。後來庄民也因為懷念其恩德，於是在大正甲子年間建祠立碑奉祀之。

據最早匾額記述首事，施金輝、陳坤、陳茂、黃知高、黃赫、林龍、張萬結、鐘換章、羅登科、羅長旺、羅清池、羅溢富、羅知高、羅阿世、羅加再、羅仁和、羅陽、羅鬧、羅昆等人於大正甲子年重修。

圖左：臺南關仔嶺碧雲寺側門光景。

圖右：鄉下為了要防蛇入屋內，所以養鵝。（繪製／奇兒）

台灣光復前美軍飛機每日來轟炸，爲了安全，大部分的人都搬到近郊鄉下居住，嘉義屬南部，氣候較熱，所以很多蛇出沒，而蛇最怕鵝屎，爲了要防蛇入屋內，所以養鵝。

祖父張長容十多歲時，就與她四叔張楊柳在路邊揮毫出售門聯，祖父的字都寄到日本泰東書道，入選並有入選證書，台南縣關仔嶺有一間廟叫「碧雲寺」，廟內有一對聯是祖父所寫（民國 34 年）。

曾祖母張江近有裹足，身體很健康，因爲父親有賺錢，所以身邊都有女婢在侍奉，她每日要吃 30-40 粒的檳榔及吸水煙，吃飯都由婢女送到房間。「母親非常怕祖母，她一生氣，父親及母親二人則跪在前面聽祖母訓示，她老人家活到 76 歲」。父親這樣寫道。

我的祖母

祖母張林快女士，是小學畢業，商店的招牌她都會唸，普通字都認識。她的繡工一流，結婚後，常有人拿布來請她畫花、鳥等，可以收一元的工資。光復前生四男七女，民國 35 年又生第八女，活到 84 歲。

我認為父親生意的成功，
母親扮演後場，
使父親無後顧之憂，
功勞很大。
我父親這樣寫著。

祖父在過世前即將財產分好，並委託他表弟江文峰（醫學博士，當時在中正路開南京醫院婦產科，看板由父親所寫。）當見證人，延平街由大伯、二伯共有，中山路的店與菓園分給我父親與叔叔，其他都登記在祖母名下，八位千金出嫁時，由承接「木生藥房」的人提供嫁妝。

民國33年秋季政府下令叫市民疏散，不要住在市區。二年前祖父已經在山仔頂果園蓋了約40坪的房子，但是人算不如天算，房子被日本陸軍汽車隊佔用，不得已，才搬到吳鳳廟附近。民國33年冬季到34年夏，美國飛機每天來炸，從火車站到圓環這一部份的房子都被燒光，大約半個嘉義市。34年8月光復後，祖父叫人用木材在延平街300號蓋房子，所以全家大小很快的搬回市區。

圖左：祖母所養黑毛豬，「三八」。（繪製／奇兒）
圖右：祖母總能很快的變出許多菜色來款待佳賓。（繪製／奇兒）

祖母就在後院養了數十隻雞鴨火雞，並養一隻黑毛豬，取名叫「三八」。祖母一叫牠，牠會跑過來，約養一年後有 100 多斤，就在 36 年 1 月 8 日（天公生日）那天叫人將豬給殺了，祭拜天公。「我在想，可能是母親在全家疏散時有下願，所以要實現她的承諾。這時我感覺母親是一位勤儉持家、偉大的母親。母親喜歡養雞鴨，父親叫工人在後院蓋二間房屋，一間養雞，一間養鴨。鴨舍內還有泳池，每間約 5 坪。後院還有單槓及鞦韆供孩子們玩樂。我認為父親生意的成功，母親扮演後場，使父親無後顧之憂，功勞很大。」我父親這樣寫著。

民國 33 年（西元 1944 年）中元節（農曆 7 月 15 日）祖母一大早就推嬰兒車上菜市場積極採購，下午就大拜拜，晚餐是祖母自己當總舖師，辦二桌給全家含店員 8 個人及曾祖母及其佣人。

這次的盛宴是一碗菜做好才端出來上桌，大約有 12 道菜：冷盤，肉捲、白斬雞、冬菜鴨、豬排、魚丸湯、五柳枝、炒海鮮、烏魚子、螃蟹米糕、人蔘雞湯等。大家都稱讚祖母的功夫了得，她亦非常高興，忙完吃飽後，她覺得肚子有些痛，就叫佣人快去燒熱水，並派人去請產婆，沒多久就生了男嬰，祖父說中元節出生，就取名「振元」。

仁必有勇
中華民國四十五年六月
嚴家淦

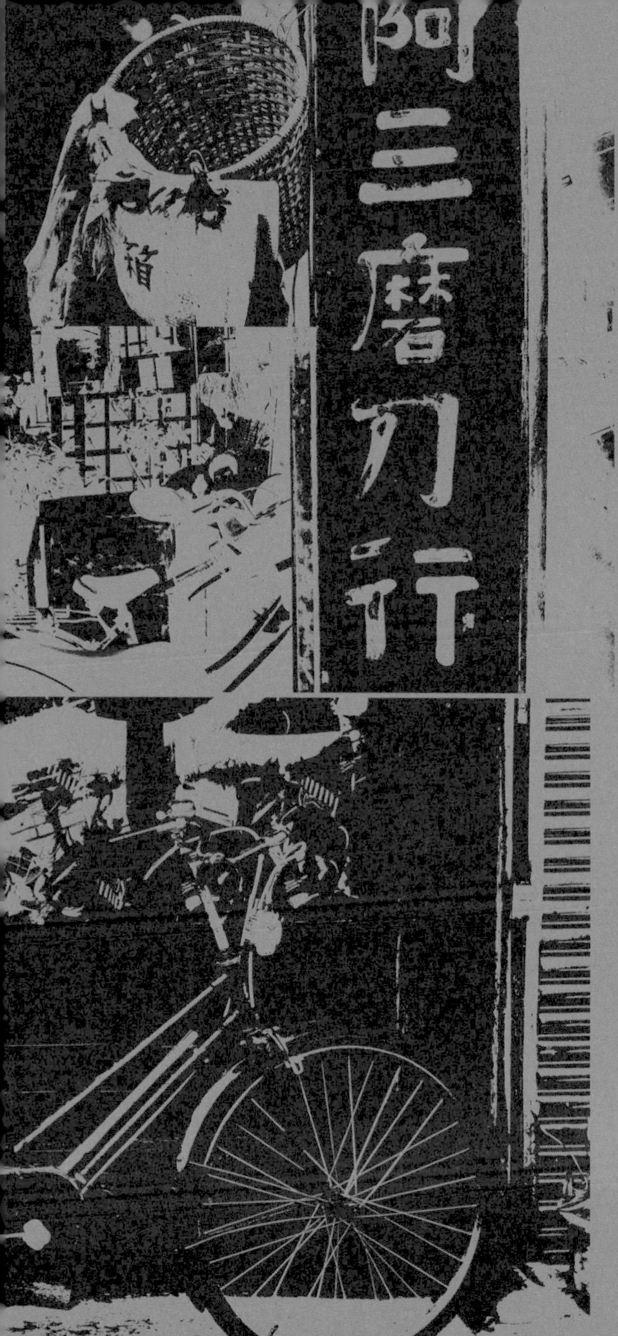

第三篇章

樓

聚散有時

戊戌清明，拙作〈諸山羅列〉假台北國父紀念館展出，自述：嘉義舊名羅山，一說平埔洪雅族諸羅山 Tirosen 社漢字音譯，一說其東方諸山羅列。

丁奇先生是臺灣日治時期接受正規書法教育的書法家，其書法論著如《書道教育概說》等書對臺灣書壇啓發頗多，其中亦可見日治時期書論家如石橋犀水、佐藤隆一、上條信山等人理論的影響。丁奇先生將書法定義爲「由書人表現的主觀象徵藝術」，認爲書法是書者性情思維的表現，書者從運筆的點畫、線質、頓挫與筆鋒的變化，將空間、力量、時間、律動等要素融合爲一，呈現書者個人的風格。

展覽期間，尚爲兄馳訊：「可否請黃教授談談我的外曾祖父林臥雲與您的老師陳丁奇？」這的確是個耐人尋味的話題。書法界友人大都知道我是陳丁奇先生的學生，玄風書道館同門雖多，常見面的卻少；天鶴先生的老師，大多數的同門所知更是有限，不是數典忘祖，而是力有未逮。

天鶴先生耿直狷介不慕名利，在世之時，玄風同門爲老師伸辦展覽輯印專刊，個個誠惶誠恐，絲毫不敢造次；我比較莽撞，自告奮勇寫跋文，投報刊，一想到老人家雖然當面斥責，或許心裡頭總會有幾分歡喜，也就坦然面對，老師過世之後，回想起來反而心安理得，好比對父母行孝道，時機稍縱即逝，上了年紀體會更深。

2013 年夏天，嘉義玄風書道會五十週年展覽專輯，我寫過〈陳丁奇的學生們～嘉師學生篇（上），2014 年春，台灣創價學會辦理的《鶴舞玄風 · 陳丁奇書藝精品展》專輯，我寫了作品賞析。只要能力所及，師門點點滴滴永遠值得關心。

回想 1968 年春天，初到嘉義玄風館，天鶴先生抓住我的手，寫下了生平第一幅草書作品，震撼教育當下，我認定他就是我這輩子的書法老師。我認爲：寫字要像老師不難，要不像老師而超越老師，那才是眞正的難！不久之後，耿相曾先生禮聘天鶴先生來校指導學生書法社團，一到假日，社團學生還經常結伴前往他的書法教室隨班學習。當時他是嘉義縣水上鄉大崙國民小學校長，我們都直呼他「陳校長」。陳校長有兩處道場，一處是民權路的「佛教堂」，另一處是中正路的「玄風館」。

諸羅山下故事一籮筐

東寧逸士　黃宗義

二〇一四年夏天，慕元樓後人張尚為先生惠贈我《藏心》等三本大作，讓我再度回憶起慕元樓所在的延平街，擴及童年、青少年時期印象中的整座諸羅山城。

圖右：關仔嶺碧雲寺香火鼎盛。
圖左：碧雲寺內對聯，林玉山題字。

很幸運憑著書法一技之長，後來我成爲臺南大學專任正教授。陳丁奇先生是臺南大學前身師範時期校友，我不敢以陳丁奇先生的傳人自許，無形中卻在大學校園實踐他的教學理念。我認爲大學書法教室兼具「師門型書會」與「非師門型書會」兩種優點。我用「有情天地；大度禪心」來經營大學這塊「書法道場」，用「大道無門，學須臨古；書山有路，藝貴生新。」來勉勵「書法才藝師資班」的朋友，用「不薄今人愛古人」的態度來和喜愛書法的同道砥礪相處。這一切，無非是天鶴先生的教導啓示及精神感召。

師事天鶴翁二十七年（1968-1994）期間，嘉義地區前輩書畫家如羅山女史張李德和、臥雲林玉書、玉山林榮貴、寬和黃鷗波、泮濃施淵龍、慕元樓張長容，以及陳澄波、蔡策勳、吳松林等諸先生乃至其後人，大都耳熟能詳，偶或有緣親炙。臥雲與慕元樓翁婿二人雖過世較早，藉由《羅山題襟集》等古籍及當代資訊媒體，同樣有緣拜讀其詩文書畫。

圖左：關仔嶺碧雲寺內石獅。
圖右：關仔嶺碧雲寺筊杯桌擺。

2014年夏天，慕元樓後人張尚為先生惠贈我《藏心》等三本大作，讓我再度回憶起慕元樓所在的延平街，擴及童年、青少年時期印象中的整座諸羅山城。當時我正撰寫〈讀曹容全集漫識〉，論及曹秋圃先生與嘉義玄風館翰墨因緣，同時又接受嘉義市文化局委託，審查陳澄波家屬捐贈遺物，也撰寫了〈閱讀曹容全集外一章〉，紀錄臥雲林玉書先生〈畫中八仙歌〉書贈陳澄波先生一段短文。

這兩天，閱讀《慕元樓之愛－嘉義老家的故事》電子檔案文稿，更深一層認識了臥雲先生的出生地三界埔、六一山人臥雲吟詩揮毫的力園旁林森國小、琳琅山閣舊址國華街、嘉義八景、關子嶺碧雲寺楹聯……等諸羅古今風物民情，舉凡尚為兄細數家珍，筆尖觸及的一花一木，都足以勾起我細說不盡的深層回憶，其中林臥雲之曾外孫鄭宜禎提到：

猶記得小學時，我拜於書法大師陳丁奇門下學習書法，有別於其他的小朋友，陳老師總會特別把我叫到他辦公室給予指導。某次祖父林啓芳來載我下課，當時與陳老師那種熟稔的對話方式，令我好奇。一問之下才知，陳丁奇老師是外曾祖父林臥雲的學生。

這眞是一段彌足珍貴的紀實文字，在書法學習的履痕上，臥雲林玉書先生竟然是東寧逸士的太老師。

尙爲兄雖然身爲時代尖端的科技新貴，卻是擁有一顆比古代讀書人還要儒雅的文士靈魂，想當然應該與他血液中的慕元樓基因大有關聯。閱讀他即將出版的第十二本文學大作，處處可見以書法爲生命核心的文字精靈閃耀。

且看他怎麼下筆：

男人的一半是女人，花朵的一瓣是野蜂。

山巒的一伴是雲嵐，書法的一盼是靈魂。

年輕人書法的臨摩，如兒童牙齒帶上牙套，要牙長整齊。拿下牙套，牙齒才有型。成年人學書法，臨摩經典，如女人塑身，穿馬甲。爲的是，求身型之美。書法，除了外在身型的美，還要求內在氣質的雅。這就要靠文史哲、科學、與心靈的修養。

〈靈魂〉

掛於班駁水泥牆上的行草
它生動靈活 只跟您好
是緣份 還是膽識
讓古典騎乘現代的雲豹
跑出線條與垂涎的櫻桃

〈包子與饅頭〉

我在臉書上，只售兩物，包子與饅頭。行草是包子，隸書是饅頭……我寫行草翻到那一詩文就寫了，所以很隨興……

這些天馬行空的奇思妙想，很難想像出自半百科技大叔的筆下，若非青藤、板橋上身，誰信。

圖右：臺南關仔嶺碧雲寺對聯，林臥雲題字。

癸 55 丑
癸 56 卯
癸 57 巳
癸 58 未
癸 59 酉

孩提時與外祖父母同住，常常被老人家帶在身旁，遇到一些人與事，後來漸漸長大後才發覺，歷史洪流中的許許多多的故事，跟外曾祖父有關。

就如我所居住的臥雲大廈（嘉義當時最高樓層大樓）來說，它是祖父爲了紀念自己的父親林玉書（號臥雲）興建命名。

猶記得小學時，我拜於書法大師陳丁奇門下學習書法，有別於其他的小朋友，陳老師總會特別把我叫到他辦公室給予指導。某次祖父（林啓芳）來載我下課，當時與陳老師那種熟稔的對話方式，令我好奇。一問之下才知，陳丁奇老師是外曾祖父林臥雲的學生。

圖左：祖母張林快與林臥雲。
圖右：林臥雲先生全家福。

我的外曾祖父 林臥雲

鄭禎宜

我小時候眼裏的巨人（身高至少超過 185cm）林英富老先生，他是書畫家林玉山的哥哥。我常常與祖父去他們位於嘉義米街的住家，米街有裱褙與書畫的商店與教室，又稱爲「美街」，這是我兒時初步接觸書畫的啓蒙。

逐漸懂事後，關於外曾祖父，不再只是平面的照片觀覽而已，經由親人長輩的描述、以及他所留下的資料，許多歷史畫面，如拚圖般地漸漸繪出一個相對具體的林臥雲。

我的外曾祖父林臥雲，生於清末，精通中日文，馬關條約後日本統治台灣，在嘉義病院（現衛生福利部嘉義分院）工作。因表現優異，院長推薦他去就讀台灣總督府醫學校，畢業後回到嘉義；適遇嘉義地區鼠疫疫情嚴重（當時死亡率高達五成），與同爲總督府醫學校畢業的學長，並肩對抗鼠疫成功。

嘉義 228 事件，當時他是 66 歲。當年的罹難者中，許多都是外曾祖父的摯友。退休後，他去到高雄長子林啓三（前壽山病院院長）那邊長住，未曾再回來嘉義，應與 228 事件當中許多摯友驟然離世，避免觸景傷情有關。

數年前，中正大學江寶釵教授帶領博士生，因要研究林臥雲，登門造訪，我與父母親以家屬角度回顧林臥雲的點點滴滴，當時才發覺，原來外曾祖父在台灣文學界有著一定的份量。他不只是一位懸壺濟世的醫生，參與此次研究後，我更加對他的事蹟感到敬佩與光榮。也因此，家人決定，將他所遺留下來的手稿資料，全數捐給國家。

外曾祖父雖是衣食無虞，但一生簡樸，不與人爭，行事低調的作風，深深影響著後代子孫的我們。身爲未曾謀面的曾孫，經由家人口述、歷史資料比對查詢、拜讀曾祖詩文與書畫之創作，彷彿時光回到當年，那一個動盪不安的年代。

身爲當時在地方重要士紳的他，外曾祖父如何面對日本與國民政府之威權體制，選擇寄情詩詞書畫，遠離政治的是是非非，是值得我們深思的。

我的外曾祖父林臥雲，
生於清末，精通中日文，
馬關條約後日本統治台灣，
在嘉義病院工作。
因表現優異，
院長推薦他去就讀
台灣總督府醫學校，
畢業後回到嘉義；
適遇嘉義地區鼠疫
疫情嚴重與同為總督府
醫學校畢業的學長，
並肩對抗鼠疫成功。

圖左：國華街附近的書藝家，陳丁奇弟子盧銘琦作品。
圖右：林臥雲夫婦之合照。

小時候，父母不管多麼忙碌，每逢假日都會帶我及妹妹們，回去台北市金華街看玉山外公。在我的印象中，阿公總是和藹可親待人，家人說我的個性及長相都像極了阿公。這讓我有種莫名的喜悅與榮譽感，使我也會謹記須以和藹地態度對待長輩、朋友以及學生們。

有一次進到畫室看玉山阿公畫畫，發現阿公櫃子的抽屜裡，竟然蒐集了我在各大報發表的漫畫、插圖。阿公把我畫的圖一張張的剪下來收藏，我好感動，也深深地感受到阿公對我滿滿的愛和期望。而在阿公 98 歲過世之前，我也能夠陪侍在他的身旁，如今一回想起昔日情景，想起阿公的種種慈祥關懷以及看到阿公和藹揮手的照片仍然會忍不住地流下淚來，眼淚就像關不起來的水龍頭一般流個不停……。

從小，會常常聽到父母述說有關玉山外公及黃惠外婆的點點滴滴。在那個年代的生活很清苦，尤其是從事畫畫的工作者。我試著寫下瑞珠媽媽小時候的回憶，但是畢竟當時媽媽也還太小，所以有些片段回憶，還是靠外公外婆及她的兄姊補述的。因爲，玉山阿公已經有多位學者撰寫他的傳記以及藝術成就，所以我的懷念文就著重於阿公一些較不爲人知的小故事。

1941年12月17日凌晨4點，嘉義發生很嚴重的7.1級大地震，那一年媽媽才三歲。由於是發生在日軍偷襲珍珠港後九天，所以很多市民誤以爲又是遭受美軍轟炸。那次的地震威力超大，所有的人都被震醒，在阿公嘉義市的住家外面，開始聚集人群，還有很多人不斷在呼喚家人或鄰居。沒多久，幾位鄰居跑過來拍打玉山外公住家大門並呼叫，因爲地震的關係，門被卡住沒辦法打開，情急之下大家只好合力把大門打破，外婆先從房子裡面把小孩們一位接著一位送出，外面的人再用接力的方式，把小孩自破掉的門縫一個個接了出來。深怕餘震再來，會使房子倒塌，媽媽的大哥及大姊，是自己爬出來，外婆最後才從房子爬了出來，看到小孩們都平安，才鬆了口氣。這時外婆突然大叫，感覺腳底刺痛，原來因爲剛剛太緊張，外婆來不及穿鞋，兩隻腳底全是破掉的窗戶玻璃碎片，流了很多血。

懷念林玉山外公

孫 林耀煌（筆名：奇兒）

有次去玉山外公
金華街的家時，
進書房看他畫畫，
發現玉山外公櫃子的
抽屜裡，竟然有收集
我在各大報
畫的漫畫、插圖。
他把我畫的圖一張張的
剪下來收集，
讓我深深的感動，
現在常常回想起，
都會忍不住地流下淚來。

圖左：林玉山與女兒、女婿、外孫(林耀煌)、外孫媳之合照。
圖右：國華街懷舊鐵馬單騎。

玉山阿公在日治時期有擔任義警，所以發生地震，當然要去協助其他人。(阿公的大哥，在十幾歲時死於嘉義的大地震)我媽媽說，由於餘震不斷，大家都不敢回家住，全部睡在馬路中間，家家戶戶拿出蚊帳掛起來睡。沒米時，阿公也曾冒險跑回家拿米，很多人趁地震停止時，冒險回家拿生活必需品，當然也曾有人運氣不好，跑回家卻不幸被壓死。有兩戶本來經常吵架的鄰居，在這時期，竟然會互相主動合作，有誰家缺什麼生活必需品，也會主動支援，有的幫忙煮飯，有的幫忙照顧小孩，在苦難的非常時期，反而顯現出人性的光輝。

很多玉山阿公的學生也不知道，外公其實會作詩。阿公的作品加上詩句，就顯得更有深度，不過這也是靠阿公自己努力。他年輕時就積極參與詩社的活動，使得詩句越寫越好。玉山阿公及黃惠外婆都有寫日記的習慣，並且從不中斷，阿公甚至於連天氣的晴雨都會標註上去，所以有一次大家在討論那一天是下雨還是出太陽時，阿公就會說不用爭論，我拿出日記一看便知。

玉山阿公在 1927 年，就有兩件作品入選首屆「台展」，雖然逐漸享譽於藝壇，但是當時作專業畫家，靠賣畫維生實在艱苦。所以阿公曾畫了不少拜拜用的佛道神像如觀音、關公等，也爲一些雜誌小說畫插圖。還曾經用泥土捏塑土地公像、布袋戲偶，甚至會用夾紵脫胎法(先用泥土塑形，再用碎紙或碎布層層敷其上，待紙或布乾燥定型，脫去泥土，即可上色)製作舞獅用的獅子頭，塗上顏色後，再讓自家的小孩拿出去賣。黃惠外婆也有一雙巧手，快到元宵節時，她會去劈削竹子，再紮成燈籠、兔子、關刀等等，也是讓小孩拿出去賣，賺一點費用。我媽媽小時候連冰棒、米香(爆米花)也賣過。一直到阿公任職嘉義中學當美術老師以後，才漸漸省去那些雜務，較專心教學和作畫。

玉山阿公小時候會常去逛寺廟，對於古人畫虎或雕塑的虎爺造型深有印象。約十幾歲時，有馬戲團來嘉義表演，才知道老虎原來是長這樣啊，和古人的傳統造型大不相同，就趕快跑回去拿紙筆來畫。這件事啓發他走上寫生之路，也促成他成爲畫虎名家。阿公不只是大老虎畫得非常好，連小老虎也能畫出乳虎可愛的韻味。他不只是很會畫虎，其他動物也畫得非常生動，因爲阿公勤於寫生的關係。

很多玉山阿公的學生
也不知道，外公其實會作詩。
阿公的作品加上詩句，
就顯得更有深度，
不過這也是靠阿公自己努力。
他年輕時就積極參與
詩社的活動，
使得詩句越寫越好。

圖右：林玉山先生繪贈其外孫林耀煌結婚之賀喜之作。

阿公喜歡畫麻雀，以前的麻雀超怕人，因爲常會被捉去燒烤。所以想要靠近觀察麻雀需要費點心思，他小時候就常在稻子收割後，躲在稻草堆裡窺察麻雀在稻田裡啄食、飛舞、爭吵的情態。爲了更仔細近觀，有次買一對雉雞來畫，結果還生出蛋來，讓媽媽覺得超驚喜。阿公養過貓頭鷹，也有養過兩隻鬥雞。鬥雞愛打架，需分別準備兩個竹籠個別放，還不可以放太近，等阿公要開始畫時，再把鬥雞放出來，兩隻鬥雞開始打架，阿公就不停的畫。後來朋友知道阿公喜愛畫動物，抓到的野鳥，不管死活都會帶去給他寫生。阿公後來搬到台北住，沒教課時就常去圓山動物園寫生，經常在大圓籠鳥園、獅、虎欄前觀察描繪。因此認識當年飼養獅虎的管理員，他是戰後少數可以留台工作的日本人，因爲對猛獸有專業，跟動物已建立多年的感情。阿公正好可以向他請教一些獅虎的習性。

圖左：林玉山先生與其外孫奇兒（左一）。

1959 年夏天，即橫貫公路開通的前一年，阿公與師大美術系學生，前往橫貫公路寫生，登臨昆陽合歡一帶的崇山峻嶺。回校之後，舉辦師生聯展時，就有學生跑過來說：「老師，您也會畫山水喔？」在這師生一同戶外寫生之前，還有學生誤以爲阿公只畫花鳥、走獸。殊不知阿公掌握寫生之精神，對任何景色、任何事物有興趣或有感動時，都能將它描繪入畫。

因爲阿公不斷地寫生，速寫本堆得比人還高，可惜有很多都被蟲蛀及當廢紙處裡掉了。心想我喜歡畫動物是不是受到阿公影響？哈哈！不過我也喜歡畫人物，跟阿公一樣，觀察眞實的事物才有感覺才有感情，才能抓到神韻。眞佩服玉山阿公寫生的功力，活生生的動物就是會動來動去，他都能迅速掌握形象畫出栩栩如生的動態。五、六十年前，照相機還不普遍，不像現代可以用數位相機、手機一直拍照，直到滿意爲止。沒有看照片畫動物，是相當困難的，連我台藝大的老師都說，還是有很多學生無法面對動物寫生，只能看著照片依樣描摹。

瑞珠媽媽說，她小時候阿公常常一邊抱著她一邊畫畫，其他小朋友跑出去玩時，她都會黏著阿公，她喜歡看阿公畫圖，也難怪後來會嫁給了同樣愛畫畫的父親林顯宗。聽媽媽說，阿公每天不但會寫日記、看書報、寫書法、畫畫，還會打太極拳，所謂太極拳是阿公自創的，他不在意別人的眼光，自己打得開心就好。我曾問過阿公吃飯問題，他說：「不是肚子餓了要吃飯，而是時間到了要吃。」不管是否山珍海味，他都吃得不多僅八分飽就停了。玉山阿公生活超規律，又加上每天運動，所以能長壽。沒有想到九十八歲時，他竟然會因爲感冒引發其他病症而走了，讓大家很錯愕……。

我常常想念玉山阿公，有時阿公會出現在我夢中，對著我笑或跟我說話，還是那麼親切那麼和藹。玉山家族的成員每年都會在阿公的墳前追思，讀經文、唱詩歌，尤其是唱我喜歡的「奇異恩典」時，眼淚又會像關不起來的水龍頭一般流個不停……。祭拜之後的聚餐敘舊，維持家族的情感，我很喜歡這種感覺，這好像又回到阿公家一樣，希望我也能像玉山阿公一樣，堅持不斷地繪畫創作。

嘉義吳鳳廟邊牆。

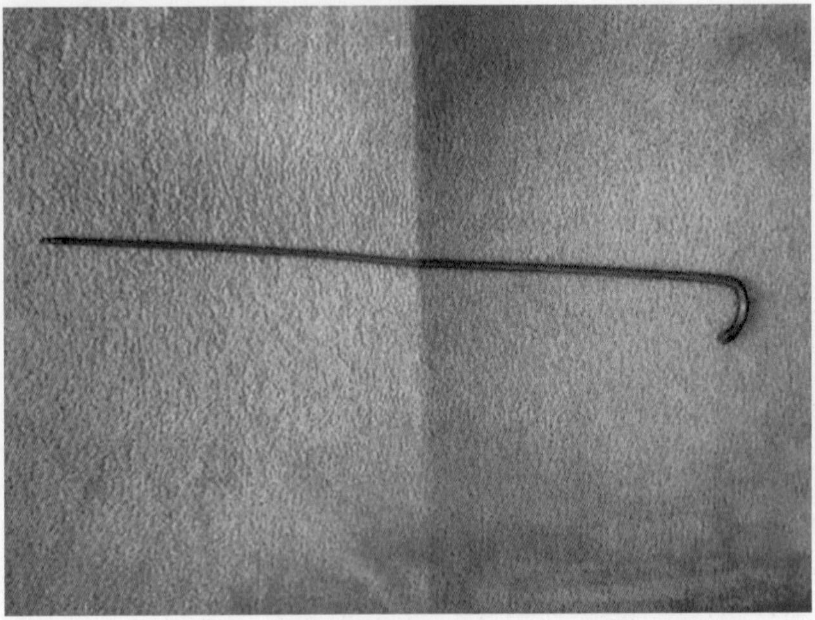

「It takes two to tango」。探戈是一種雙人舞，如果只有一個人，是絕對跳不起來的，但中文卻是「一個掌拍不響，雙方都有責任」含有貶責之意。

小時候（入學之前），最常聽到四哥（大我兩歲），還有大我倆十幾歲的兄姊，要我們排行最後的兩個 (No. 11 and 12) 「離三尺」，只因爲在三尺之內，不要多久，就會挑探戈了。我們常被高我們一個頭以上的兄姊，一手抓一個頭，強行分離三尺以上，以策安全，媽更常斥責我們「錢（銅板）無兩個不響」。

1988 年秋天，當母親病危之際，我回到老家，四哥跟我說「媽的房間有些東西，看你喜歡什麼，可以拿回去做紀念」。我進去一看，映入我眼中的一根細長拐杖，四哥會心一笑，說：選得好啊！結果當媽的葬禮結束，我要北上時，竟忘了拿那支枴杖，四哥還特別騎機車，拿著那支細長的枴杖，趕到嘉義火車站給我，我心裡非常感激，因爲它留給我們兩人很多兒時共同的回憶。我只說了「謝謝」就即刻跳上了火車，小時候的酸甜苦辣往事，一一湧上了心頭。

我是父母 12 個小孩中，唯一在二戰後才出生的，排行第十二，剛好滿一打，父親很高興，認爲我的到來可以慶祝一番，所以取名爲「可祝」。二戰期間，三百坪的老家全部燒光，全家爲了躲空襲，移居鄉下。戰後回來只在東側先蓋幾間簡陋的平房，兩三年後在西側蓋了一棟木造的二層樓房，取名「慕元樓」。

年長的兄妹們都住在樓房那邊，只有我和四哥留在媽媽的身邊，住在平房。我五足歲喪父，母親變成我們生活上的支柱，她房間的左側總是放著那根細杖子。我被安排睡在她的右側，然後四哥又睡在我的右側，我們常在半夜不小心踢到對方，而起了戰爭。媽身邊的這根細長杖子就發揮作用了，它是平息吵鬧、繼續睡覺的最好工具，所以只有四哥和我對它最有感情了。當然它另外的用途，就是半夜要是有老鼠在蚊帳上賽跑，或在屋樑上開 party 時，媽會用此杖將其趕走。

轉眼間，我自己現在也已當阿嬤了，有機會，總是對著小朋友敘述一些自己目前還記得的一些往事。唉！往事如煙，誰能忘掉自己的童年？以此爲誌。

母親床邊的枴杖

張可祝

媽身邊的這根細長杖子
就發揮作用了，
它是平息吵鬧、
繼續睡覺的最好工具，
所以只有四哥和我
對它最有感情了。

圖左：祖母生前使用之拐杖。
圖右：慕元樓街景之浮光掠影。

父親的慈悲與遠見

張可祝

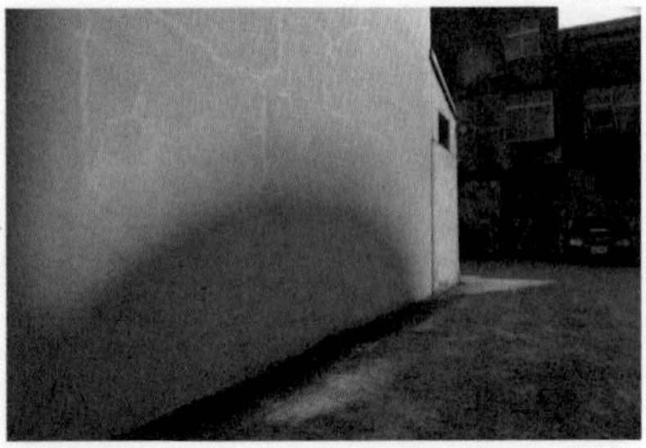

民國 41 年 11 月 3 日早上，我的父親在高雄舅舅開的醫院過世，家裡的阿菊正在洗衣服，叫我趕快去換一件素色的衣服，不可穿花花綠綠的，那時我還不足六歲。

那年過的舊曆年，家裡不能炊年糕，但意外的，讓我發現很多陌生人送我們年糕；多到吃不完，要堆放到一間專門在摺已經曬乾的衣服的房間。

我也不明究理，後來才知，還要年糕切片曬乾，可以吃好幾個月。直到幾年後，才聽大哥說，二戰期間有很多人得瘧疾，爸爸爲了救人，只要有人來要，都免費贈送，不收分文，把三大包奎寧都送光了。原來那是可以賺大錢的，可以買三、四棟房子呢！

甚至有北部來的醫生，要高價購買，都被父親婉拒了。後來聽說有整村的居民，都是因爲我們家的免費奎寧才保住性命的，難怪他們知道父親過世後，那麼多陌生人送我們年糕，這是他們表達對我父親的謝意和懷念之情。

二戰期間有很多人得瘧疾，爸爸為了救人，只要有人來要，都免費贈送，不收分文，把三大包奎寧都送光了。原來那是可以賺大錢的，可以買三、四棟房子呢！

日治時代，台灣人要念公立中學很困難，爸爸有先見之明，把大哥送到北部的淡江中學念書，然後再繼續就讀淡江英專英語科。他是第一屆畢業的高材生，政府選了一些英語系的應屆畢業生，去集訓三個月，大哥以優異的成績結業後，被派到嘉義的美軍顧問團當翻譯官。每日早上穿著軍服、長筒靴，有專門的吉普車來家門口接他去顧問團，下午五點多再送他回來。

那時候，我們家裡兄弟姊妹太多，阿菊每天煮好早餐，還要花上好幾個鐘頭，洗十幾個人的衣服，所以當顧問團有美軍要回美國時，大哥就把他們的洗衣機、電冰箱、電唱機、唱片都買回來。

圖左：白牆斜影，慕元樓舊址附近角隅。
圖右：溝尾王得祿石碑老樹風習習。

大哥把美國文化也帶進了我們家。他喜歡聽古典音樂、歌劇、世界名典、也自己彈鋼琴。我耳濡目染，從小就喜歡音樂，小學四年級到六年級都被選為學校升降旗的全校國歌總指揮；大哥和大嫂更有浪漫的一面，常在慕元樓的樓上大客廳相擁而舞。

當我上初中後，就升級從平房搬到了慕元樓，那時七姊已經上高中，常看她做完功課就在寫毛筆字。她跟我說，以前爸爸教她和比她年長的兄姊們寫毛筆字，寫得好的，被他用紅筆圈上的，都可領獎金，六姊在下雨天，就練習得特別勤，往往可以領到不少獎金。

以前爸爸就有西方人做生意的頭腦，把住家和店舖分開，讓孩子們有很快樂的生長環境。前面院子可以打球，後院有很多果樹、花園，店員都住在店裡，他自己則不辭辛勞，每天騎腳踏車到店裡做生意。

圖左：延平街巷的陳舊門鈴。
圖右：姑姑張可祝收集的硬幣。

因為爸爸對孩子一視同仁，
我三歲多就比照年紀比我大的兄姊
每天可以領到一個五角的零用錢，
儲蓄到一定數量就可換
一個一元的大銀圓，
我小小年紀就很富有哦！

我偶爾也會跟二姊去店裡，隔壁有一個婦人有一個大型的推車，賣很多東西，二姊買了一個有蝴蝶結的塑膠小錢包給我，我從小到現在七十多歲了，都還放在身邊，因爲裡面放著十幾個我從爸爸手中換來的一元銀圓。

因爲爸爸對孩子一視同仁，我三歲多就比照年紀比我大的兄姊每天可以領到一個五角的零用錢，儲蓄到一定數量就可換一個一元的大銀圓，我小小年紀就很富有哦！我現在終於明白，在我人生成長的過程中，無形中這是我在經濟方面的一顆「定心丸」。

父親過世後，我們變成每個月初一，從二哥手中領一個月的零用錢，自己出社會後領的也是薪水，到現在領的退休金，不穿名牌，也不開名車，但我心靈上一直都過得很富足、快樂。我這種樂天派，看得開，不注重物質享受的個性，大概是因爲五歲之前已經有一段很富足和快樂的童年了，相信爸爸一定很疼愛我的，感謝您，爸！

第四篇章

文

茶餘飯後

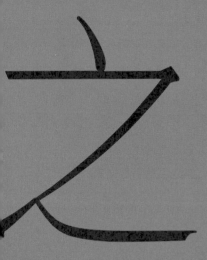

臺灣本壘 KANO精神
棒球原鄉在嘉義
嘉義市
西市公有零售市
麻油
每碗
福
台灣金箔
50元
魚羹
炸蝦肉卷
西市米糕
三代米糕

民國 29 年暑假，祖父帶三兒二女到台北遊玩，住的是當時最高級的飯店「菊元 HOTEL」。它是六層樓的建物，全台只有這家有電梯，在那邊吃涼烏龍麵，麵內有冰塊，夏天吃很涼。

當時台灣沒有蘆筍，而由德國進口的罐頭，一罐只有一根蘆筍，像大拇指這樣粗，其他都是湯。在當時，算是頂級食品。

指南宮大家都叫仙公廟，當時汽車沒有路可上，只好走路，總共有二千多階，當晚住在廟內。

圓山兒童遊樂區，日據時代是全台唯一的動物園，有虎、獅、象、鹿、禽類，印象最深的是猩猩，像人這樣，又高又胖。獅頭鵝是光復前火雞公與鵝母交配後的後代。

基隆是港口，看船與海，並到仙洞廟拜拜，第一印象是，要入地下洞拜神明。

「年輕時長了些青春痘，很傷腦筋，後來聽人家說吃『蛇粉』有效，我想這個與遺傳、體質有關係。」爸如此回憶著，好在，我沒遺傳到他的滿臉青春痘。

圖左：父母親結婚照（1962 年）。
圖右：西市場巷口即景。

父親兒時的生活觀察

台南

台南夜市有一種魚叫做「花跳」，生長在紅樹林的地方，也叫「彈塗魚」，煮湯很好吃，別的地方都沒看過有這種料理。夜市有一家蝦仁肉圓，生意特別好，打包的人特別多。台南肉粽一個兩斤大，包的料很豐富，一個要一百多元，是別的地方沒有的。還有「棺材板」，爸說他沒吃過，光聽名字就倒胃口。

西元 1624 年，荷蘭人佔領安平，建立「熱蘭遮城」，並在台南建立赤崁樓，後來鄭成功光復台灣，將台南變成台灣府，也叫做「府城」，當時的府城人很驕傲的說：「府城人以外的人都是草地人（鄉下人）。」日本人來台後將「總督府」蓋在台北，從此，台北漸漸發展成更大的城市。

夜市有人賣蛇粉

「年輕時長了些青春痘，很傷腦筋，後來聽人家說吃『蛇粉』有效，我想這個與遺傳、體質有關係。」爸如此回憶著，好在，我沒遺傳到他的滿臉青春痘。

牛

光復前搬到鄉下去，六姑那時才四歲，看到一頭黑毛、胖胖的四腳動物，問：「那是甚麼？」她的哥姊們就說：「是豬，你吃豬肉，就是牠的肉。」從此以後，她就不敢吃豬肉。光復後，拿豬肉乾片給她說這是「魷魚乾」，她就吃。她的生日與媽祖同日，後來嫁到北港，在國中教家事課，她的刺繡，參加全國老師比賽，得第一名。

光復前，美國飛機每天都來轟炸糖廠，威力之大，無一倖免，農民也停止耕作，所以物資短缺，我們都吃地瓜配日本來的紅色鹹魚。

鄰居說：「今天下午四點，在巴掌溪旁要殺一頭牛，到溪邊，看到一頭老水牛被綁在木筏上，正流著眼淚，有時會哀嚎，看起來很悲傷」。

圖左：蘭潭桿圍景觀風光。
圖右：老水牛知道要被屠宰流著眼淚。（繪製／奇兒）

俗語說：「牛知死，不知跑」，豬是「知走不知死」。二姑自從看到牛被殺之前掉眼淚後，至今一直都不吃牛肉。

「時間到了，殺牛的拿斧頭向牛頭打，打了兩下都沒有打到要害，第三次一打，整條牛倒下，這時有人拿刀割牛的頸部，使血流出來，同時有四個人從腳開始剝皮，有一人從牛胸部中央切開，到肚子下方肛門處，內臟切斷，拿出來，腿肉割離出售，爸與其姊，買了兩斤就回家，從此以後，數年不敢吃牛肉。那時的牛肉比豬肉便宜，宰殺的都是老牛、病牛，肉質都很難吃。到了當兵時，怕營養不足，才又開始吃牛肉。」爸正說著人們不吃牛的原因。

濁水溪

濁水溪由南投縣起頭，流經彰化縣，雲林縣出海。台灣人常以此溪分界北部、南部。南部的壁虎會叫，北部的壁虎不會叫，非常奇怪。北部與中部常看到白頭翁，南部及東部有黑頭翁。

光復前，美國飛機
每天都來轟炸糖廠，
威力之大，無一倖免，
農民也停止耕作，
所以物資短缺，
我們都吃地瓜配
日本來的紅色鹹魚。

光復前瘧疾大流行，大概死了數十萬人，父親也得了這種病，時間很準，例如上午十點發冷，然後發熱，隔天準時來報到。冷的時候蓋棉被還是冷，熱的時候脫光衣服還是熱，非常痛苦，好在祖父有先見之明，擁有兩磅「奎寧」，自己加胃散給大家吃，所以大家很快就好。

光復前瘧疾流行外還有蝨母、目蝨，這些寄生蟲很多，尤其寄生在女孩頭髮內，男孩的頭上也生了一些疥瘡，我叔叔醫了一年多才好。光復後，美國製的 D.D.T 殺蟲劑很有勁，寄生蟲才絕跡。

日本人在台灣統治時，男中學是五年制，女中學是四年制，我的大姑考上虎尾女中，每日早晨四點就出門，走路到火車站坐火車，到斗南轉汽車，到虎尾女中讀書。光復前畢業，派到竹崎小學當老師，光復後到南靖糖廠當辦事員。男中學生在校期間都要參加柔道或劍道、樂器演奏的社團，所以有些人到中學畢業時，柔道已經三四段。日本人很喜歡打棒球（野球），嘉義農業學校是全台冠軍，代表台灣地區到東京參加全國比賽，結果得第二名，光榮返台（已拍成電影《KANO》）。足球最好的是台南長榮中學，橄欖球是淡水中學。

棒球

棒球運動興盛的歲月，那一年台灣眞驕傲。台東紅葉少棒到美國比賽，電視台都實況轉播，時間都在深夜 1 點—4 點，這個時間可以說家家戶戶都不睡覺在看，後來青少棒、青棒都得過世界冠軍。

近年來，媒體發達，也報導少棒與職業棒球運動，但當年純眞努力，掙得天下令名的點點滴滴，似已不再。

圖左：嘉義市圓環公園上的棒球投手轉台。
圖右：巷弄即景。

光復前痼疾

水果

台灣最出名的水果是麻豆的文旦柚，每年生產期，管區的警察都要到郭家去站崗，因爲這些文旦是要貢獻給日本天皇吃的。其次是員林的凸柑，大粒的飯碗大，很好吃。再來是新市的蓮霧，白色的長約五公分，直徑四公分，肉質細幼，現在已經看不到。楊桃有兩種，一種甜，一種酸（現代人稱作山楊桃），南部人的楊桃汁，就是酸楊桃醃製而成，退火止咳、開胃、去暑等功效甚佳，爲南部、中部人的最愛。

番茄，北部人叫「臭柿」，南部人叫「甘仔蜜」，切塊後沾醬吃，沾醬內有醬油、糖粉、甘草粉、薑醬，吃起來別有風味。台灣的土芒果雖然肉少，但是氣味絕好，日本人很喜歡玉井的愛文、金煌芒果，肉較多但是沒有土芒果的氣味，現在很多都製成芒果乾。

台南縣的西施柚及大白柚都很好吃，高雄縣燕巢的芭樂也很出名，椰子在屏東生產一粒要 50-80 元，比泰國貴一倍，蓮霧及牛奶棗是屏東的特產。台東出產金針花及釋迦。有名的還有：花蓮鶴岡的柚、宜蘭的紅心芭樂及金棗、埔里的紅甘蔗、國姓的枇杷、彰化的葡萄、竹山的地瓜、與鹿谷的烏龍茶。

光復

民國 34 年 8 月日本政府無條件投降，並將台灣歸還給中國，34 年底全部日本人都被送回日本，中國軍隊及官員則派來台灣，第一任省主席是陳儀。他是福建人，曾經到日本讀士官學校，這位老兄大概整天打牌玩樂不管事，後來被蔣中正總統槍斃。

民國 35 年時，舊台幣因貶値差不多已不能用，都由台灣銀行發行本票，父親與其二哥曾經拿過一百萬的本票，去買卡其褲，一條 20 萬。

當年第一批來台的陸軍 95 師，素質很差，下班後，強姦、搶劫都有，因爲民生物資高漲，治安不佳，才會發生 228 事變。

我們家的財產，延平街房子一部份由曾祖父留下來，其他的都是祖父賺錢所購買，大部分都在民國 31-33 年取得。光復後，祖父將新港鄉月眉潭一塊七甲多的旱田賣給佃農，將那些錢用來蓋「慕元樓」，剩下一部分的錢，用於救助祖父好友的兒子渡過難關。

小典故

越戰

二次大戰後，美國是戰勝國，爲了戰略關係將很多國家一國變兩國，如中國、韓國、越南、德國…等，但在越南與越共戰了 10 年，死了約五萬人軍隊，每日花費七千萬美金，季星吉國務卿上台後，下令退兵，結束了越戰。當年越軍也死了很多人，所以男人與女人的比例是 1 比 26，因此女人很多都嫁到國外，台灣也有很多越南新娘。越南以前叫安南，韓國叫高麗國，每年都要派大臣來進貢，國王的龍爪只能用四爪，只有中國的皇帝才能用五爪。

「123 自由日」

「123 自由日」現在已經不慶祝，但在民國 40 年時因韓戰，大陸派兵支援北韓，有一萬肆千多人被美軍俘虜，他們都志願來台灣，亦有少部分志願回大陸，這時美軍都照他們的意願實行，14,000 多人來台時正好是 1 月 23 日，政府將這些人叫做「反共義士」大大宣傳，後來將這些人分散到陸、海、空三軍軍隊裡，48 年父親到海軍服役，美字號登陸艦上就有四位反共義士。

何謂「375」？

「375 減租」大約在民國 40 年實施，以前的農田，佃農交給地主大概可以分到 50%—60% 生產額，實施 375 後，地主只能拿 37.5%、佃農拿 62.5%。幾十年後農地歸佃農所有，這時的地主都叫苦連天。「375 減租，耕者有其田」，這些口號是當時國民政府的政策，農民都開心的不得了。

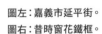

圖左：嘉義市延平街。
圖右：昔時窗花鐵框。

父親年輕時是正聲廣播公司的營業部副理，與台灣電視台的高層主管也認識。

「正聲」成立於1950年4月1日，爲老字號跨區型民營廣播電台之一。節目以生活資訊爲主。「正聲」創立至今，以「揚聲樂群、反映輿情、造福社會」來服務所有聽衆。在無唱片公司的年代，率先跨足廣播歌仔戲團之成立、培育藝人及製作、發行唱片等業務，知名歌仔戲藝人楊麗花便是其中之一。現以多元化廣播、舉辦各大活動等業務爲主。當年的歌仔戲，在楊麗花小姐領銜主演，與許多敬業團員的共同努力中，風靡全台，幾乎是台灣人生活中不可或缺的娛樂。我的父親張振翔，正是楊麗花歌仔戲的節目製作人。

台灣電視公司於民國51年成立，60%的股東是省政府，日本NEC將日本黑白發射機、攝影機等全部設備移來台灣，作價投資佔40%，還有一些14吋的電視機運來，出售給百姓。

「正聲」創立至今，以「揚聲樂群、反映輿情、造福社會」來服務所有聽眾。在無唱片公司的年代，率先跨足廣播歌仔戲團之成立、培育藝人及製作、發行唱片等業務，知名歌仔戲藝人楊麗花便是其中之一。

圖左：父親與二弟的女兒。
圖右：舊電視勾起人們滿滿的回憶。

台灣電視公司

五年後電視機的數量成長到近百萬台，廣告客戶大增，電視公司大賺錢，職員每二個月加發一個月薪水。民國 60 年成立中國電視公司，大股東是中國廣播公司 51%，民營企業佔 49%，地址設在仁愛路二段 43 號，房屋是中廣公司的一樓到十樓，全部租用，所有設備都是彩色的。資本額是一億，所謂民營企業，是民營電台每股一百萬。

台視因中視成立，增資一倍，但 NEC 不讓它增資，所以 40% 變成 20%。約二年後，又成立華視，股東是國防部及教育部，籌備時由陸軍上將王昇擔任，這時的電視，差不多每天都有王昇將軍的新聞，沒多久，他就被派到巴拉圭當大使。

這個時候民進黨認爲電視台可以生財並可宣傳，所以極力爭取要成立民視，後來政府准了，以上四個電視台是無線的，只要架設天線就可以收視，不用付費。現在全台 90%的家庭都看有線的，每月繳固定費用，畫面清楚，不受天氣的影響，總共可看約 100 多台。

民國32年奉日本政府之令，疏散搬家至吳鳳廟附近，家家戶戶都養雞、鴨、鵝、豬、羊。農民說：「養鵝比較沒有蛇會到家裡來，因爲蛇最怕鵝屎。養貓，老鼠才不敢來，養狗看家，養豬長大可以出售，有錢收入。」

母豬發情時，要叫「牽豬哥」來交配，雙方約束如果沒有懷孕，豬哥還要再來交配，不得收費。交配一次，豬哥主人可收三百元（以現在的錢來算）。這種行業，現在可能沒有了，都用人工將豬精蟲注入母豬體內。

小豬出生約半個月就要「閹」，公的閹睪丸，母的閹卵巢，開刀後傷口擦上「鍋灰加麻油」製成的黑色藥膏。公雞亦可以閹，可以長到8-9公斤重。閹師動作很快，公豬大約一分鐘就可完成，母豬、公雞大約二分鐘就完成。

家畜與家禽

羊是吃草的動物，奇怪的是，拉出來的屎，一粒一粒都是圓的，很像一堆藥丸。本地的羊，肉質不是很好吃，現在的羊肉好吃，都是進口來的外國品種。

虱目魚是台灣特有的魚種，我在全世界各地旅遊，從沒看過及吃過。數十年前住在南部海邊的人，每年固定時間都要到海邊去捕虱目魚苗出售，每尾1-3元，後來經廖一久博士研究，由「種魚」產出小魚苗，種魚的身長聽說約70公分，市面上出售的只有約30公分，算是囝囡而已，所以肉質細，很好吃。

圖右：吳鳳廟內庭迴廊。

父親今年八十四歲，會一點日文，成長中有許多日本相關的記憶：

30 年前到日本九州參觀熊本城，城門前約有 50 公尺長的碎石路，走起來都有碎石相碰的聲音，這時想起古人很聰明，如果泥巴路，雨天很難行走，碎石路好走好看又防盜，若在晚上有敵人靠近，守衛的狗馬上會吠，所以說碎石路有防盜作用。

古早時日本天皇到富士山附近踏青，結果迷路，走不出來，後來聽說被烏鴉救出來，爲了答謝這些鳥的救命之恩，下令全國神社及廟寺的入口要建設「鳥居」讓鳥兒可以休息。

日本的佛教是由中國傳入，和尚都是光頭，但尼姑則留頭髮，身穿白衣及紅色的長裙，他們都可以結婚。日本的廟前都有設備供水處，可飲可洗手，飲水器都用竹節做的，很有古味。到廟裡拜拜都要投銅錢，鼓掌兩下，然後搖動十公分直徑的的大繩子。這時大繩子頂上的鈴鐺會發出噹！噹！的聲音，他們說神明可能在睡覺，有這些動作，神明就醒了，才會保佑我們。

日本人是愛飲酒的民族，下班後有些人都不會直接回家，先到酒店飲酒然後回家，這樣才不會被鄰居笑，下班沒有應酬的男人是小咖。他們到現在還有人用木頭做的四方形一升量器飲酒。日本酒大部分都是用米製作的清酒，也有用金箔放入酒中的酒，由透明的玻璃瓶裝酒，看過去金色閃閃，很好看。

日本有一本小說叫做《楢山節考》，後來拍成電影，父親看了這部電影，很震驚。大約三百年前，日本人多、物產不豐富，冬天大部分天氣是下雪的，人活到60歲，就由子女帶上山等死。有一位老先生不願意上山，兒子做了一個竹籠，強迫老父親入籠內由兒子背上山，到了山頂，父子吵架，整個籠掉落山腳，老父親就死了。爲什麼會這樣？因爲窮，無法養活太多人，少了老人，救了孩子。糧食不足是主要原因。

有關日本

日本明治維新以前，約200年，是由德川家康家族統治。「天皇」在日本人的腦中是「神」，活的神，幾千年來從來沒有變過。德川家族統治期間，各地諸侯是以米的產量，以「石」爲計算單位，每年要繳納多少「金」或「銀」給「將軍」（以中國人的稱呼來說，是「宰相」，就是最有權勢的人。）在將軍府的後方有「大奧」的地方，供奉祖先的神位及將軍寢室，及三千名宮女居住所，將軍隨時可叫宮女到自己寢室，當時的宮女都希望能懷上將軍之子，以此爲榮。

琉球島明朝時是中國的，空手道是他們發明的。琉球的人種與日本不同，服裝、音樂亦不同，島上有種甘蔗，可以製糖，亦生產鳳梨、芭樂等水果。二次大戰後，琉球成爲美國的海軍基地。

韓國（高麗國）與越南（安南）這兩國，明朝時都是中國的保護國，每年都要來進貢，國王王宮的龍爪只能用四爪，重大的國策，都要經過中國皇帝的同意，才能執行。

圖左：日本東北秋田縣內路火車沿途冬境。

約在四十年前，日本有一部電影叫《羅生門》，原著是一位文學家「芥川龍之介」所寫的小說。電影的內容是一位小文官騎馬，太太坐轎中，由兩位轎夫所抬，到野外，出現一名拿刀的強盜。這個演員是三船敏郎（三船敏郎是國際級的巨星），轎夫看到強盜就跑了，強盜下令叫小文官下馬，交出身上的錢包，並叫轎中的夫人出來。這位夫人徐娘半老，風韻猶存，強盜帶夫人共乘馬往山上跑去。大約一小時後，那強盜騎馬帶夫人回來，後來獨自往山上去。大夫看到夫人回來，高興地問，有沒有對妳怎樣？夫人說：「沒有，只是聊天。」轎夫回來，抬轎離開這個地方，這是一種版本。第二種版本是夫人被強盜脅迫通姦後，決定與強盜住在山上。第三種版本是大夫知道夫人被強姦後，就失去興趣。一件事，多種說法，這就是「羅生門」。這部電影參加各國影展，得過無數的獎。

《宮本武藏》這部電影，主角也是三船敏郎，時間也是四十年代，內容是描寫一位劍道宗師的一生，宮本年輕時到處惹事生非，常常與人打架，父親很傷腦筋，後來去拜託一位武功高強的人當他的師父。有一次犯錯，被師父綁在樹上吊起來打，打到認錯要改善，才放下來去療傷。

夏天蒼蠅很多，尤其吃飯時最多，宮本用筷子就可以夾死蒼蠅，由這種畫面表示，宮本這個人的武功已達高峰。那時的社會有一種不成文的規定，「用劍不可用左手」，所以左撇子不能當武士，但宮本右手好，左手也非常靈活，所以他發明了「二刀流」劍術，戰鬥時用二支刀，每戰必勝，到中年時已出名全國，每日都有人來比武，宮本則一一擺平，後來好事者安排全國第一高手「小次郎」與宮本戰鬥，二人大戰數百回合，不分勝負，戰到黃昏時，宮本利用陽光照到小次郎眼睛時，發動猛烈的攻擊，打敗小次郎，登上日本第一。

圖左：日式蒲燒鰻魚飯。
圖右：日本東北福島松島廟宇門飾布幔。

六零年代，台灣大量出口鰻魚到日本，那時都用厚的塑膠袋裝鰻魚，再灌入氧氣密封，用空運到日本。日本人愛吃鰻魚，一年四季都吃，都用蒲燒，一客鰻魚飯要台幣 600 元左右，台灣只要一半錢，總鋪師會做中藥燉鰻湯，光這道菜就要千元。

在唐朝時，日本派 200 名和尚到中國，當時的首都是長安，人口已達百萬，可說是世界第一大都市。這些和尚將中國文字、服裝、髮型、建築、道教、佛教等都帶回日本，他們將我們中國的部首變成他們的文字，總共 50 多字，到現在他們還是以中國字當作他們的文字在使用。

日本古裝電影及相撲選手的髮型，都是唐朝時的髮型。「柔道」是將中國的武術每一式命名而成書，圍棋也是中國發明的，但是被日本人發揚光大，每年都舉辦比賽，並將選手實力分成 0-10 段，給證書證明身分。相撲每年有五次比賽，地點每次都不同，他們不以段數稱呼，而以橫綱、大關、關脇、小結、前頭 1-16 相稱，比賽都由國家電視台主導，請 N.H.K 轉播，全世界都可以看到，選手前 20 名，有一半是蒙古人，如朝青龍、白鵬翔。

1970年父親去日本玩一個月，四月由大阪下機，櫻花正在開，然後往北的地方遊玩，所以到處都是櫻花盛開地方，品種很多，顏色亦不同。最北的地方是「仙台」，是蘋果的產地，也坐船去四國島，兩島的中間叫「世多納海」，海上可以看到海水打圓圈，因爲兩股海流在此相會，所以才有這種景象。四國就像台灣的後山花蓮，有兩個都市名叫「高松」、「高知」，還有一首很出名的民謠，這條歌是有關和尚來到城市，看到美女所唱出來的歌（日本的和尚可以結婚），後來變成民謠。

「一葦渡江」，有這樣功夫的人，大家都知道是達摩祖師。他是印度人，在少林寺教武術，日本人非常尊敬他，將他做成不倒翁，左打右打都打不倒，父親認爲不倒翁就是達摩祖師，這個問題去請教師大教授林玉山先生，他說沒錯。日本人的不倒翁就是達摩祖師。所以在家中常看到大尊小尊的不倒翁，父親在日本也買了一盒紀念品，木盒上寫「七轉八起」，內面是八尊彩色的達摩像。

圖左：京都盛開的櫻花。

圖右：「七轉八起」為日本諺語，跌倒爬起之意。

日本人的不倒翁
就是達摩祖師。
所以在家中常看到
大尊小尊的不倒翁，
父親在日本也買了
一盒紀念品，
木盒上寫「七轉八起」，
內面是八尊
彩色的達摩像。

日本人數百年前，爲了要製造好的武士刀，所以拚命研究煉鋼，全世界出售鋼材的國家只有日本、瑞典、德國，我們台灣鋼材，約有 80% 都向日本購買。紙是中國人發明的，但是造紙的技術，日本算好。「五百年一大千」，張大千先生所用的紙，大部分都是日本製造，他每年都親自到日本，採購要用的紙、顏料、筆、墨等，日本商社都會派員招待他。

日本的航空公司出事的機率遠比他國低，爲什麼？因爲他們有耳朵很好的地勤師父。這些人都積數幾十年的經驗，只要聽引擎的聲音就知道毛病在哪裡！一台飛機用 20 年或 30 年夠久了吧？老師父說，保養得好，用 50 年都沒問題！

日本的日立、東芝、三菱、三井，這些大工廠平時是製造家電，戰時是製造飛機、大砲、戰車、戰艦的工廠，豐田汽車公司 2015 年生產量超過一千萬台，銷售全世界。

圖左：春櫻即景。
圖右：日本東北秋田角館用餐桌擺。

瓷器是中國人發明的，外國人將它命名爲CHINA，唐朝時已能做出三種顏色的陶瓷，叫作「唐三彩」，到宋朝能做出很亮麗的瓷器，獨步全球。當時最出名的窯有五個，鈞窯、汝窯、官窯、哥窯、定窯，這五個窯所燒出來的器皿都是皇宮用品。柴窯燒出來的東西，現在已經看不到了，其他四窯所燒，現在可以在拍賣場看到，價錢都是以千萬計價，甚至上億台幣。據說這些好東西的原料是珍珠、瑪瑙、美玉，磨成粉加入而製成的。

茶是日常生活用品，它有解毒、止渴、去油、提神、助消化等功效，所以有些人每日都要飲茶。蒙古人每日吃牛、羊肉及奶，沒有吃青菜、水果，所以要喫茶助消化，奶茶就是他們發明的。

清朝時，山西省有一位商人叫喬致庸，將雲南省的普洱茶用馬隊運到蒙古去出售，走一趟要三個月，茶的發酵正好完成，喬家因茶變成富翁。喬家大院約有三十甲，現在是觀光景點，後來喬家又開錢莊「匯通天下」，他們的匯票都用密碼書寫，可到各地分行領錢，聽說他們的匯票從開始到後來，都沒有發生冒領錢的事。

60年代由中視進口日本連續劇「阿信」非常轟動，聽說這是近代日本的眞實故事。阿信是主角的名，她是本州中部的山頂人，家裡貧窮所以年輕就出外謀生。她爲人誠實、勤勞，到中年存了一些錢自己開超商，生意非常好，一間開了又一間，賺了很多錢。

日本人吃馬肉，也吃生馬肉。日本牛肉品質很好，在台灣高級餐廳有松阪牛排，一客要千元，據說每日都有人從日本用行李箱，坐飛機帶高檔牛肉進來。但這是非法入境。

民國58年父親到日本遊覽，聽說農民在稻成熟時將它割下，數十株綁成一大把，將穗向下吊起來，數天後才將稻穗用機器取下曬乾，去殼去糠成白米，這樣煮好的飯更好吃，日本人對米飯特別重視，因爲壽司的主要原料是米飯，以前的人煮飯都用木料或碳，鍋蓋都用很厚的檜木製成，有4—5公分厚，他們煮飯時都不可開鍋蓋，用耳朵聽聲音，決定用火的大小，及時間的控制，巧到好處才能煮成香噴噴的飯。

有一位大陸旅客來台灣玩，看到「魯肉飯」三字就問老闆：「你是不是山東人？」老闆說：「我是台灣人。」因爲「滷」字一般人看不懂，所以用同音的「魯」字。另外一家店的招牌「焢肉飯」這個「焢」字父親曾經查字典，沒有這個字！是台灣人發明的。魯肉是用三層肉切細約0.5—1公分，焢肉是用三層肉厚1公分，寬約5、6公分，長10公分左右。

「五柳枝」是一道經典台菜，但是很多人對五柳枝的認識並不清楚，甚至很多店家將「紅燒魚」與「五柳枝」劃上等號，誤以爲紅燒魚也就是五柳枝，其實這是錯誤的觀念。

「五柳枝」是台菜中對魚的烹調方式之一，作法和紅燒魚截然不同，紅燒魚的作法，酸甜較直接，配料也簡單；五柳枝則必須將五種不同的蔬菜切成絲，嚐起來要有甘的感覺，卻不能太甜，酸得要有層次感，還要有辣的感覺，卻不可以太辣，這種調味方式要有相當的技巧才能調得恰到好處。整條魚（約1台斤大）油炸後，用肉絲、香菇、筍絲，多種菜絲炒熟後加入太白粉與水，變成膏狀，將這些料淋在魚身，因爲現代人很少能聽到這個名稱，所以特別介紹。

1895 年，「洪芋頭」以蝦湯、蒜泥、肉臊、豆芽再搭配油麵，讓台南擔仔麵遠近馳名，他過世後，老店分家為「度小月」和「洪芋頭擔仔麵」，如今傳出百年老店「洪芋頭擔仔麵」已經熄燈。

「洪芋頭擔仔麵」位在台南西門路，「永久停業」，實在可惜。

老闆娘洪吳佳芬 2007 年接受《蘋果》專訪時曾說，台南著名的擔仔麵就是從她公公洪芋頭開始的。紅燈籠、小扁擔攤頭，呈現復古風情。除了陳年滷汁的肉臊外，一碗好吃的擔仔麵，還要加上烏醋、胡椒粉、蒜泥、香菜等來調味，而湯汁則是用每一碗擔仔麵的鮮蝦，剝下的蝦殼熬煮的高湯，老闆娘笑著說，「肉燥是『山珍』，蝦高湯是『海味』，兩個加在一起就是山珍海味了！」 如今這美味只能成為回憶。大骨去熬湯，所以湯頭好，另外有豆芽及韭菜少許，好看又好吃。

台南最出名的店叫「度小月擔仔麵」，老闆本來是漁夫，因為冬天冷，漁獲量少，所以在家門口賣麵。他的量很少，只有別家的 1/3，但是很好吃，生意興隆，副業興隆，副業因此變成了正業，好吃秘訣是一壺陶土製的滷肉。

五柳枝則必須將五種不同的蔬菜切成絲，嚐起來要有甘的感覺，卻不能太甜，酸得要有層次感，還要有辣的感覺，卻不可以太辣，這種調味方式要有相當的技巧才能調得恰到好處。

圖左：晨光斜照，光彩街口。
圖右：攤販與顧客有如多年的好友。

嘉義國華街巷弄屋飾。

台灣的米，漢人沒來以前，台灣沒有生產米，因為原住民所吃的是小米、玉米、地瓜等。漢人從大陸來台時，先築水圳，田裡有水才能種水稻。那時只有兩種米，「再來米」及「糯米」，日本人來台後研究出蓬萊米，那位先生叫做「蓬萊米之父」，光復後日本人都回去日本，我們政府拜託他多留二年才返回日本。

荷蘭人來台灣後發覺，台灣沒有牛，所以從印尼那邊引進來台，共121頭，贈送台南縣佳里鎮的農民獎勵農民耕作。蝸牛是日本人從南洋帶來放生的，光復前物資缺欠，好在有蝸牛肉炒九層塔，他們叫做「炒螺肉」，提供了不少人口福及營養。台灣有很多東西都是從外國引進，如荷蘭豆、山東白菜、高麗菜、番茄葡萄、茶葉柑、柚、芭樂、水蜜桃、蘋果、吳郭魚。

火雞聽說是由巴西來的。公火雞很兇，會咬人，尤其是小孩，被踢到會流血。聽八姑說她小時候和四叔常到後院玩，有一隻很兇的公火雞會追著四叔攻擊，我父親想出一個妙計讓四叔戴上頭盔、墨鏡、口罩、長袖、長褲、皮鞋、手上套上拳擊用的手套去和這隻惡火雞打一架，結果一拳就把這隻火雞打昏過去，其他火雞都高興得爬到這隻昏倒在地的火雞身上踐踏，從此四叔不吃火雞肉至今。

雞肉飯是嘉義知名小吃之一。傳統的料理法爲在白飯上鋪上火雞肉，再淋上雞汁跟豬油而成。火雞肉飯在台灣各縣市都可以看到，但大多會打出「嘉義」的名號。

傳統的嘉義火雞肉飯主要選用火雞肉當作素材，而雞汁則是以全雞蒸煮所熬成醬汁，淋上酥炸過紅蔥頭的豬油，混合雞肉和白飯攪拌，味道香而不膩；傳統店家會在火雞肉上頭在撒些油蔥酥，讓整體的香味更富有層次，一般則是會配一片醃製的黃色蘿蔔乾，相當下飯。

另又一說；二戰結束之後，許多駐台美軍（主要爲空軍）駐紮於嘉義地區，美軍將火雞帶入之後，由嘉義附近地區養殖戶大量繁殖。因戰後各項物資缺乏，一般人要吃雞肉也不容易，火雞肉體大，相對於土雞價格也低，營養價值也高，地方小吃攤老闆靈機一動，想到用火雞當做小吃食材，因此做出類似滷肉飯之雞肉飯料理。

因戰後各項物資缺乏，
一般人要吃雞肉也不容易，
火雞肉體大，相對於土雞價格也低，
營養價值也高，
地方小吃攤老闆靈機一動，
想到用火雞當做小吃食材，
因此做出類似滷肉飯之雞肉飯料理。

圖左：醇香四溢的雞肉飯。
圖右：雞肉飯為平民美食，老少咸宜。

嘉義美食記憶

嘉義有甚麼好吃的？

噴水雞肉飯（意思是在噴水池附近賣的）：用火雞肉，大部分是雞胸脯肉，用雞油及醬油淋在白飯上，鹹度、甘甜度都要調整到最好，才會好吃。

民族路及文化路的炒鱔魚麵是必吃美食，都用當地出產食材，因爲進口鱔魚肉質較軟，現殺現炒，用熱鼎大火快炒，所以吃起來會脆。配上柴魚湯，是別處吃不到的，用柴魚、洋蔥、蘿蔔熬煮幾小時，全台灣只有嘉義才有。

羅山生炒鱔魚

嘉義市東區延平街 270-1 號
15:00—22:00

推薦：炭火快炒鱔魚麵、柴魚湯、鮮甜膠質多青蛙湯。

郭家粿仔湯雞肉飯好吃店

嘉義市東區文化路 148 號
09:00—凌晨 05:00

推薦：雞肉飯搭配粿仔湯、糯米腸、皮蛋豆腐搭配美乃滋、各式小菜。

噴水的雞肉飯：用火雞肉，大部分是雞胸脯肉，用雞油及醬油淋在白飯上，鹹度、甘甜度都要調整到最好，才會好吃。

左上及右上：民族路香溢口涎的「炒鱔魚麵」。
左下：老味實在的雞肉飯。
右下：噴水的雞肉飯。（繪製／奇兒）

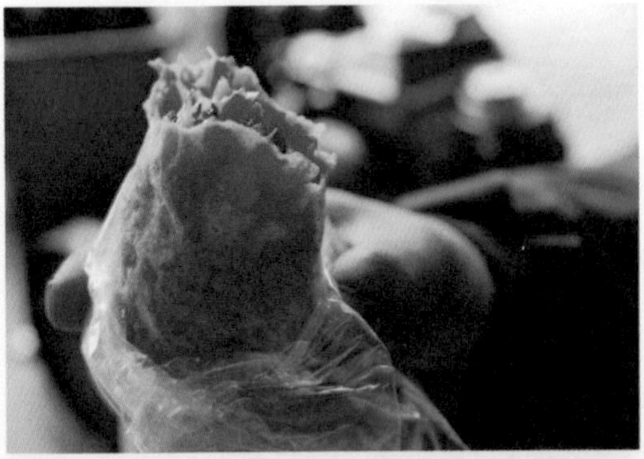

無店名小攤（春捲）

嘉義市國華街與中正路口交叉
10:00—18:00

特色:用大鐵鍋現炒的高麗菜，鮮甜清脆，獨特芹菜末帶出清爽氣味。

阿榮丸仔湯

嘉義市光彩街 367 號
週一～週六：7:30—18:00

推薦：招牌魚丸仔湯、紅糟飯、必點滷豆腐加生辣椒醬、雞肉飯也推。

豬肺灌粉漿煮熟，豬肝用熱水燙到熟，吃起來粉軟，當地人叫粉肝；另外，豬心、生腸、粉腸、豬血糕、豬肚、赤肉粉腸等等，也是民生美食。

潤餅：都用青菜、花生粉、肉絲，炒蛋切絲，及甜醬包在半透明的粉皮內，非常Q彈好吃。再佐柴魚青菜湯，也是小確幸。

炭烤香腸：東市場內的香腸店，60年代，一天要賣三隻豬，約500斤，一盤才數十元，便宜又好吃。

東西市場都有「滷熟肉」，大部分是豬內臟加工，豬肺灌粉漿煮熟，豬肝用熱水燙到熟，吃起來粉軟，當地人叫粉肝；另外，豬心、生腸、粉腸、豬血糕、豬肚、赤肉粉腸等等，沾上店家特製的美味降料，也是民生美食。

圖左：嘉義國華街春卷。

圖右：阿榮丸仔湯，雞肉飯也廣受好評。

東市場內，香菇肉羹老闆是大胖子，大概有一百多公斤重，四十年代嘉義市的人，無人不知，生意非常好，有人開玩笑說：「有肉無肉看人就知」。

西市場口，魚羹是用土魠魚做的，所以很鮮甜、很好吃。

每年冬至前後，烏魚就來游到台灣沿海。東石，布袋漁船都出海捕魚，母的烏魚，大腹便便，切開魚肚，拿出魚子，經加工後的魚子，每斤可以賣到二千多元，所以運氣好時，漁船一個月內就可賺上數百萬元。

阿坤師𩵚魠魚羹

嘉義市國華街 245 號
7:30—21:00

推薦：浮水𩵚魠魚羹、壽司、炸蝦肉卷。

右上：燈火暗爍的西市場口夜景。

右下：東市場的肉羹老闆。（繪製／奇兒）

圖左上下：越吃越有勁的「𩵚魠魚羹」。

DAZZLE
蚵仔
大腸
麵線
玩

父親小時候，
嘉義市的日本料理店只有兩家，
生魚片只有旗魚及鮪魚兩種，
旗魚比較貴，現在則相反，
鮪魚比較貴。

父親小時候，嘉義市的日本料理店只有兩家，生魚片只有旗魚及鮪魚兩種，旗魚比較貴，現在則相反，鮪魚比較貴。

台灣人養的鵝，以前可以長到 15 台斤，所以肉質很差，沒人愛吃，價錢最便宜。現在的鵝肉很貴，都是進口品種，有白色毛而頸部較短，養半年就有五到六台斤重，還沒有長大就殺，肉質才會好吃。

西市肉捲

嘉義市西區光彩街 470 號
05-224 1239
06:00—13:00

推薦：肉捲、紅燒肉、滷肉飯。

無店名小攤（香菇肉羹）

嘉義市西區中正路 468 號
約莫下午六點多收攤

推薦：香菇肉羹、排骨酥。

三代米糕西市米糕

嘉義市西區中正路 431 號
05-228-7397
週一～週六 07:00—20:00

推薦：米糕、綜合湯、
扁魚白菜。

圖左：西市米糕。

右上：西市肉卷。

右下：中正路香菇肉羹。

林聰明沙鍋魚頭

嘉義市東區中正路 361 號
週一～週五：14:00—22:00
週六～週日：12:00—22:00
推薦：沙鍋魚菜加魚肉、沙鍋魚菜加冬粉、涼菜。

蘇記傳統紅豆餅

嘉義市延平街 268 號
13:00 ~ 19:00
推薦：高麗菜、花生、牛奶、紅豆。

左上及圖右：林聰明沙鍋魚。
左下：延平街紅豆餅。

水晶餃是用地瓜粉來做皮，所以呈現透明，裡面包甚麼，都看的清楚，又好吃，也算是嘉義名產。

醬筍製造時，必須放酵母菌（祖母叫做「豆布嘌」）。「這些酵母，是媽媽自己製造，是將黃豆用水煮熟後放在用竹片製的圓形盤內（直徑約 70—80 公分，高約 3.5 公分）然後放在陰涼的室內約一星期，它會生長菌出來，然後收入瓶內密封，使用時才倒出來用。醬油、醋、酒，都需要發酵才能製成。」我的父親是再次清晰的回憶著。

Smart Fish Chiayi
Smart Fish Chiayi

日月潭是台灣最大的湖泊。從前有一位原住民，因追一隻白鹿，才發現這個潭，因爲這個潭一邊像日，一邊像月，所以叫做日月潭。中間有一個小島叫做「光華島」，以前是原住民祭拜的聖地，水社有住一位酋長叫毛仁孝，生了幾位美麗的女兒，聽說被日本人帶回日本當太太。

潭邊有一條公路，路邊有孔雀園、文武廟，玄藏寺及其他大飯店，每日遊客很多。日治時代，日月潭水力發電廠是台灣最大的發電廠，供應西部各城市使用。有一件事大部分的人都不知道，日本人開隧道將碧湖水庫的水引入日月潭，這樣日月潭才有水發電，經過數十年的使用，現在是將發電後的水收入水庫，再抽送到日月潭，這樣就不怕湖內沒有水。

在新莊中正路與思源路交接的地方叫「頭前」，這兩字台語是前面的意思。爲什麼用這二字當地名？其實這個地方是新莊人看這個地方一片平原，在淡水河的西邊地面都長青草，因爲面積太大所以將它分爲頭前埔、二重埔、三重埔，後來政府爲簡化，將「埔」去掉。三重因爲近台北，所以發展較快，頭前這個地方因爲土地較便宜，交通方便，慢慢房子多了，所以變成頭前庄。

泰山這個地方以前屬於新莊所管轄，後來因爲「泰山巖」的關係，人口增加，因此成爲泰山鄉。明志工專設立後，店鋪林立，居民增多，現在已經變成熱鬧地區。永和以前是屬於中和，因人口太多，後被規劃出來，變成永和。

還記得讀嘉義高工二年級，下課即騎車到外祖父家，讀四書與古文觀止，外公都用台語（漢音）教學，還教發音，如「生」由「施」、「英」二字切音所生，然後看第幾聲，第一聲是上平，第二聲是上上（去入上平），所以「生」是上平聲。有一次課後閒談，說台灣菜有一味「鹹菜豬肚湯」是他發明的，他說：「酒後喝一些酸湯可以解酒提神。」湯內也有筍片，三種東西合煮可說是絕配。第二道菜是小魚乾煮荇菜湯，喝起來也感覺別有一番味道。我父親如此回憶著。

被遺忘的小故事

林朝英是清朝尾的人，住在府城，曾經到福建參加考試，主考官的評語是「字冠全場，文不通」。我的祖父是收藏家，曾經用數十兩黃金的價錢買下，可惜父親沒有分到。父親認爲一百多年來的台灣人，論書法之勁挺者，沒有人超越他。

圖左：日月潭一景。
圖右：蘭潭河畔即景。

蘭花有二大種類，國蘭及洋蘭，國蘭的葉細長，有些品種可長到 60—80 公分，他們的名叫做報歲蘭、四季蘭、韭菜蘭……等。韓國每年冬季都會來台灣採購大批的報歲蘭。他們主要是欣賞葉子的美，有些花不貴但很香，國蘭大部分是看葉子花紋，特殊品種一芽叫價百萬。洋蘭花的形狀美麗但不香，蝴蝶蘭是台灣特有的品種，每年出口的量很多，農場都在台南縣，後來台中縣、南投縣也都有。以前每一株蘭花一年只能生出一株蘭花，後來農家利用「生長點」切成小塊，利用組織培養法，以快 50 倍的速度大量生產，外銷美國、日本、歐洲各國，替台灣賺了很多外匯。每年三月都在台南縣台糖的蘭花園舉辦蘭花展，世界各進口商都會來參觀訂購，台南、嘉義的民衆去參觀門票有優待。

麥寮在明朝永曆年間，鄭成功曾在此地屯兵墾田，清朝康熙年間，此地屬海豐港轄區，海豐港人口衆多，非常繁榮。後來因新虎尾溪氾濫而被沖毀，又濁水溪因東北風堆沙積塞了港口，因此失去港口功能，街市隨著衰落，居民遷徙他鄉。

但到乾隆末年，又有人遷回此地，搭草寮種麥爲生，所以此地叫做麥寮。

以前每一株蘭花一年
只能生出一株蘭花，
後來農家利用「生長點」切成小塊，
利用組織培養法，
以快五十倍的速度大量生產，
外銷美國、日本、歐洲各國，
替台灣賺了很多外匯。

圖左：台灣最小的平地野生蘭「綬草」。
圖右：逆光直逼，新店灣潭的蘆葦。

地方風土

台塑公司在宜蘭地區有一大片的土地，原本計畫在宜蘭設立六輕工廠，因當時的縣長陳定南極力反對所以做罷。後來又在桃園縣觀音地區籌備，但當地人士反對，政府亦不敢批准，所以又失敗。最後找到雲林縣來，雲林縣是農業縣，財政困難，所以當地的官員也希望有工廠之設立，可以帶動百姓的就業機會及稅收的增加。麥寮沿海一帶因積沙，已經變成海埔新生地。大約有數百甲之大，縣府答應在此地建六輕，台塑即派人到日本找「塡海造地專家」來台灣勘查，後來運二台大型的抽海沙機械來作業，沒多久則造陸完成，並設立一處深海碼頭，再大的船都可以停靠。這個港口是專門爲運原油的船所設立，所以船靠岸後，馬上接油管，將油抽送到煉油廠。財政部因這邊有港口，所以必須設立辦公處，課徵進出口之稅金。六輕造陸完成後，全部面積有多大您知道嗎？答案是三千甲。王永慶先生的許多企業工廠都集中在這片土地上。

台灣桃園縣復興鄉有一條公路叫「羅馬公路」，由羅浮到馬武督（關西附近），全長約十多公里，半小時車程都是山路，在羅浮附近，有一個風景區叫小烏來瀑布，可以去參觀遊玩。另外走七號公路，可到巴陵達觀山神木區，都是千年的檜木，值得參觀。此地山坡地，都種水蜜桃，成熟時遊客更多。地名有巴陵、馬告、拉拉山、達觀山……等。由 7 號公路往東南方行走左轉可到宜蘭，右轉可到棲蘭山森林遊樂區，再走可到梨山，宜蘭縣內有一座山叫太平山，高二千公尺，日據時代都是檜木的原始林，都被日本人砍光光，現在有一條鐵路給遊客坐「磁磁車」。爲什麼叫磁磁車？因爲行車時有聲音，上下左右搖，買一張票可坐來回，大約 30 分鐘，山上只有一家太平山莊，由林務局經營，供吃與住，冬天也會下雪。

圖左：桃園縣復興鄉羅浮橋。

圖右：日本東京上野公園冬景。

日據時代遊客來台遊玩，日月潭、阿里山，再來就是花蓮的太魯閣。當時路只開到燕子口，九曲洞一帶，向西開到天祥，遊客都住在花蓮市區，所以帶動花蓮的繁榮。

花蓮本來無港口，政府在海邊築一條堤，約 100 多公尺，港內寬約 50 公尺長，當碼頭供船停靠，因爲深度不足，所以只能停中小型的船，這種事一般的人或許不知道，我是服役時當海軍，我們的船曾停靠過這個港，才知道這些事。

太魯閣有一條溪叫做立霧溪，颱風過後有很多人在溪口一帶找玫瑰石，及各種奇形怪狀的石頭，聽當地人講 40 年以前，在沙裡有些沙金。溪的中間兩岸有些石頭都是大理石，顏色有白、黑、綠。很多人拿來當地板。

在新莊農會附近有一家阿瑞官粿店，生意眞好可能是多年老店，阿瑞官這個「官」字不是做官的官，是對這位老闆娘的尊稱，是日治時期的用語，不一定是老闆娘。大部分的是對 40—50 歲左右在社會上有一些成就的婦人尊稱。如阿寶官、阿惠官……等。

梅乾菜

光復後苗栗市有一家「三星製藥廠」製造「軍功丸」，與日本的征露丸使用相同原料，專門治療腸胃病、腹疼、整腸消毒，銷路還不錯。老闆姓何，每年春節前，都會寄一大包(約 3 台斤)的梅乾菜贈送我們，祖母非常高興，用來爌肉非常好吃。當時在嘉義，有錢都買不到客家菜，市場也看不到這種東西。

德國機車

祖父從日本返台後，與其父商量在西市場口（現在國華街）租店開木生藥房，生意非常好，曾祖母（張江近）專門收錢找錢，生意熱絡，由零售慢慢變批發，店員亦由二、三人變成七、八人，由祖父、二家、店員蔡明春三人經營，生意很好。外地如北港、新港、民雄、朴子、梅山、新營、中埔，後大埔都來店內選購藥品。腳踏車是當時主要的交通工具，家裡亦有一台 150CC 德國製的 BMW 機車，當時的機車，就如同現在的自用飛機那樣的稀少，後來因戰爭買不到汽油，就一直停放在倉庫。

圖左：腳踏車是當時主要的交通工具。
圖右：木生藥房現址。

腳踏車是當時主要的交通工具，
家裡亦有一台一五〇CC德國製的機車，
當時的機車，就如同現在的
自用飛機那樣的稀少，
後來因戰爭買不到汽油，
就一直停放在倉庫。

啥是「606」？性病特效藥嗎？

看到公車「606」，想到七、八十年前「606」是一種好的藥名，由德國醫藥專家及日本一位醫學博士所發明，1970 年父親到日本遊玩，看到有一個大約 3 坪的房子內，有顯微鏡及一個火爐，房子外面又蓋房子保護原來的房子，有文字說明這個房子是某某博士發明「606」這種藥的實驗室，這種藥是消炎解毒的特效藥，尤其有些性病很多藥都無效，只有 606 才能治它，也救了很多人。商品名叫 Salvarsan， 是第一個治療梅毒的有機物，但後來國際社會禁止使用「606」，其原因爲副作用太大。

後來又有醫藥專家發明一種叫「盤尼西林」的特效藥，代替了「606」的地位，但不久發覺，有些人因體質關係有副作用，後來醫生都要先打少量看反應後，才決定使用與否。

「814」是什麼？是外用皮膚藥膏的名，有一家藥廠原來在大陸製造，民國 38 年隨政府退到台灣，「814 藥膏」專治皮膚發炎、疥癬…等。

父親十歲時患了一種病，自己將它命名為「歪頭病」，頭若正，頸部就不舒服，所以往右歪斜六十度，祖父看了後，去倉庫找到一包藥，藥名是「靈寶如意丸」，藥丸只有 0.2 公分，每次吃六粒，吃兩次就好了。對許多藥材，他的記憶如新：

麝香是高貴的中藥材，麝是四腳動物，形像鹿，比鹿小一些，沒有角，雄麝的肚臍會分泌香味，人射殺牠後，將臍切下烘乾，直徑約 6 公分，可售萬元。最好的麝香叫做蛇頭麝，麝在睡覺時，小蛇聞到香味進入臍內，麝醒了收縮肚臍，蛇被縮死，而頭部留在臍內，這是最好的。

犀角是退熱的特效藥，一隻犀角要五、六萬。印度的只有一支角長在鼻上，非洲的犀有二支角，中醫師使用犀角，都會與羚羊角同時使用。因為羚羊角也是退熱良藥。

每每聽父親說起這些記憶，
總覺得既像故事，
又像是塵封在記憶中的某個片段，
似乎泛著光彩。這些記憶，
讓我對曾祖父有了更多想像，
也對木生藥房有了許多情感上的連結。

怪病

熊膽也是高級中藥材，以前要殺熊才能取膽，現在大陸將熊養在鐵籠內，從膽接管則可以取到熊膽，極不人道。

蛋殼清洗後曬乾就成爲胃病的藥材，滷蛋要時間長一些，使蛋白變硬，但不能太硬，用眼睛看，有縮少20%左右，這時最好吃。

每每聽父親說起這些記憶，總覺得既像故事，又像是塵封在記憶中的某個片段，似乎泛著光彩。這些記憶，讓我對曾祖父有了更多想像，也對木生藥房有了許多情感上的連結。

圖左：木生藥房巷弄一景。
圖右：國華街旁的巷弄即景。

肺結核與人蔘

大約在二百年前，全世界各地都發生一種病，叫做「肺結核」，聽說只有「人蔘」可以治好這種病，人蔘只有中國和朝鮮有出產，當時一條要5-10兩黃金，這是在日本的行情，這種病可以由口水或空氣傳染，所以很難防，死了很多人。一直到二次大戰結束，歐、美國家發明一種抗生素，每日打一針，連續一個月就好，救了數百萬人。

人蔘又叫高麗蔘，以前韓國叫高麗國，在那裡生產，所以叫那個名字。長白山一半是中國的，一半是韓國的，也就是長白山附近才有出產。在韓國所出售的人蔘都要賣給政府的專賣局，加工後再出售，父親在二十年前去東北三省遊玩，也到長白山看天池人蔘，台幣1,000元，韓國貨貴15倍。現在的人蔘都是人工種，六年採收，原蔘都是白色。蔘要浸泡在中藥（當歸、熟地、杜仲……等藥材湯內，一段時間後烘乾，）即變成咖啡色。大陸政府因爲不像韓國政府的專賣，所以價錢便宜得多。美國威斯康興州有出產花旗蔘，也叫粉光蔘，一斤約三、四千元，效果也不錯。人蔘一般分作天、地、人三種，價錢有差別。

日本在百年前製造「養命酒」，用十多種中藥，如杜仲、淮山、當歸等……還有一種「蝮蛇」，泡在酒中半年以上，才過濾分瓶出售。日本人的藥品很多都銷售到全世界。

「印泥」大部分的人都不知用甚麼原料製成，是用艾草曬乾後打碎，收集纖維，加紅丹、麻油，高級品還要加眞珠粉及麝香。

牛黃是由病牛的膽取出的藥材，加一些漢藥製成「牛黃丸」，一盒兩粒要 1,500 元。此藥對車禍傷者及內臟受傷的人，曾有神奇的藥效。

「若」這個字，我們是以「如果」來解釋，但是日本人是以「年輕」、「青春」之意在使用，所以有一種藥品叫「若元」，電視每日都在廣告。日據時代的「若元」配方，與我們這邊台糖公司出品的「健素」相同，吃了後胃口大開，食慾增加，胃腸好，身體就會健康。現在的配方與以前的不相同，所以後面加「整腸藥」三字。

人蔘的歲月

父親在二十年前去
東北三省遊玩，
也到長白山看天池人蔘，
台幣一千元，
韓國貨貴十五倍，
要一萬五千元。

圖左：關仔嶺碧雲寺香火鼎盛。
圖右：嘉義市延平街角隅。

日據時代嘉義有三項亞洲第一：

◎嘉義市南區化學工廠：工廠約 20 甲，人員最多時超過萬人，建築物是水泥六層樓，有電梯，有鐵路通機場，光復後改名「中油溶劑廠」，用地瓜簽、樹薯簽製造酒精與飛機用油，美軍轟炸後，燒了三天。

◎民雄的廣播電台：光復後變成中央電台，發射機約 150K.L，普通民營台只有 1-3K.L，中廣 10K.L。全世界都可收到它的聲音，原有二支天線，一百多公尺長，約在民國 45 年拆了，鐵材售一百多萬。

◎嘉義市東區灣橋變電廠：是亞洲最大，光復後所建設的曾文水庫，是遠東地區最大的人工湖，它就在嘉義的大埔鄉，但出入口及管理處，都設在台南縣楠西鄉，所以很多人都誤認曾文水庫是在台南縣。

嘉義市東區灣橋變電廠：是亞洲最大，光復後所建設的曾文水庫，是遠東地區最大的人工湖，它就在嘉義的大埔鄉，

圖左：吳鳳廟紅牆盆藝。
圖右：吳鳳廟入口牌坊。

父親記憶二三事

◎吳鳳是原住民的通事（政府官員），負責與原住民溝通的人物，當時他們有祭人頭的習俗，早期是用死刑犯的人頭給他們，後來沒有死刑犯的人頭可給，只好犧牲自己，「捨身成仁」。原住民因受吳鳳的感召，才發誓不再殺人，而中埔鄉也設置了吳鳳廟。

◎ 1941 年 12 月深夜，嘉義大地震，應該是七級以上，父親與他的兩位哥哥都睡在二樓，地震時停電摸黑下樓，晚上很冷，西方的天空一片紅色，地震時有聽到「呼～呼～」的聲音。鄰居七、八個福州人將竹籬笆壓倒，跑到我家後院。

民國 40 年端午節全國詩人大會在台北舉行，嘉義約有 30 人參加。左詞宗是賈景德先生，右詞宗是于右任先生，祖父是左 12 名，右 48 名；另一位蔡女士右第二名，左無。嘉義只有兩人入選。一年後，祖父過世，出殯前收到獎品。

嘉義市有一條木材行的街路，叫林森路，約有百家，東邊有阿里山，所以地勢較高，西邊有東石港、布袋港，所以山產、海產、米、糖、菜、肉類都有出產，文化水準也很高，有數個詩社，畫家陳澄波是第一位入選帝展的人，另一位畫家林玉山教授，年輕時就出名，與陳進、郭雪湖並稱爲「三少年」，第四屆省展他畫了一張「蓮池」，得了特選，現存於台中國立臺灣美術館，已被文化局指定爲「國寶」。

嘉義的山

「阿里山的姑娘美如水呀！阿里山的少年壯如山！」這首歌大家都會唱，去過阿里山的人每年超過百萬人，但是請問你，看過阿里山的山峰嗎？沒有。因爲阿里山是地名不是山名。有一次二弟問爸：「奮起湖的便當很出名又好吃，爲什麼沒看到『湖』？」爸說：「以前的人將凹下去、低的地方叫『湖』，如苗栗縣走台三線就有一個地方叫「大湖」，也沒有湖，但出產草莓很有名。日本人統治台灣初期發覺阿里山一帶原始林都是檜、松、柏 ...... 等高級樹木，所以決定砍伐時先築鐵路（全世界高山鐵路共三條，阿里山鐵路是其中之一）。

最近因大陸客減少，阿里山鐵路觀光營收也受影響。以前阿里山的人出入只靠鐵路，到民國 60 幾年才由嘉義開一條公路上阿里山，約在民國 80 年左右，由水里開一條路上阿里山，因這條路縮短到日月潭的路程。日本人在阿里山所砍的樹木約有 10 萬株，大部分都運到日本使用，他們特別喜愛檜木，有二種，黃顏色的叫 HINOKI，粉紅色的叫 BENIKI。

玉山是台灣最高的山（3,996 公尺），登山口在阿里山，由阿里山坐火車到登山口約十多分鐘就到，從登山口到玉山頂約 21 公里（父親在民國 42 年，參加救國團所辦的玉山登峰，當時有學生共 96 人，由二位教官領隊）。第一天由登山口走路到排雲山莊住一晚，八月時溫度只有 3 度，第二天走到鹿林山莊，第三天才攻頂，整座山都是咖啡色的石頭。山頂上大約只有 60 坪，山腰有一個地方叫「風口」，風很大，地方險峻。

玉山，日治時代叫「新高山」，因爲在日本自己本土，沒有一座山比它高。

圖左圖右：嘉義市懷舊的林場公園。

彌陀禪寺
一林場風清
吳鳳南路
18
軍輝橋
八掌溪
橋梁維
05-26
中正公園

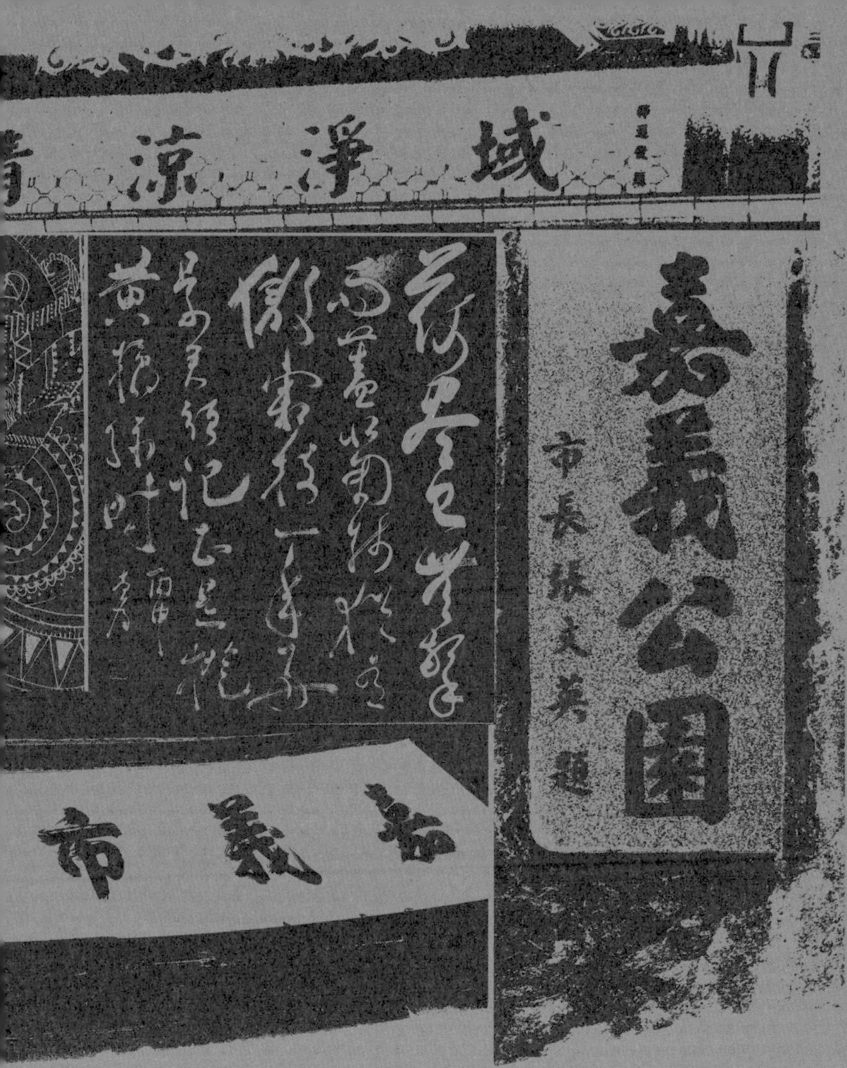

第五篇章

愛

詩文書畫

五四的靈魂在我體內竄動

我自忖應如何用筆與簡單文字

鉤勒出深刻的情感

1930 年劉新祿與陳澄波一同到中國學畫

228 事件發生以後陳澄波被槍殺

劉新祿從此再沒創作油畫

一種沉痛與恐懼

縈繞在他腦海裡

劉新祿先生於民國前六年四月二日誕生於打貓庄，出身望族，父親劉廷輝，母親潘根，是家中第三個男孩。民國七十三年八月六日逝世，享年七十九歲。

1921 年劉新祿考進台南師範學校預科就讀，因受美術老師影響，開始對西洋繪畫產生興趣。畢業後任教於打貓公學校，結識名畫家陳澄波，更堅定學畫的心志。因目睹與他交往 20 餘年亦師亦友的陳澄波先生，於二二八事件中被槍決於嘉義火車站前，而再也沒有拿起畫筆。

錯誤

劉新祿的作品江蘇虎丘

是他與陳澄波一起走過的記憶

無知的思想打倒了藝術家對人的關懷

愛在不對的時空

被打入思想有罪的牢籠

鮮血可抵得了時代的錯誤

是遺憾

也只能從遺留的畫作去回憶

圖左：吳鳳廟一景。

圖右：劉新祿油畫作品。東之畫廊提供 02-27119502

我外曾祖父 林臥雲 1948 年 嘉義八景 詩

蘭潭泛月（蘭潭）

月皎蘭潭一葦飄，風微波細可憐宵。
扣舷韻逐蟬聲鬧，覓句吟隨桂影嬌。
曲岸偶來名士屐，隔船誰弄美人簫。
雅遊不減袁宏趣，笑對姮娥倒酒瓢。

檜沼垂綸（貯木池）

莫作思魚一例看，每依殘照拂珊竿。
浮沉檜木頗同感，唼喋銀鱗豈自安。
量淺縱教謀酒易，世昏殊覺選材難。
太公具有絲綸手，未遇飄然笠影單。

彌陀曉鐘（彌陀寺）

一聲聲響出空門，恰值東山未上暾。
春老醉鄉人尚夢，煙迷苦海佛無言。
大鳴久徹三千界，逸韻猶傳二八村。
不憚頻敲慈是念，問渠曾醒幾幽魂。

嘉義八景

左上：蘭潭水庫邊畔風景。
左下：小火車之車頭。
圖右：彌陀寺內造景。

康樂暮鼓(中正公園)

鼕鼕薄暮響通衢，八景居然數一隅。

革俗成仁懷義士，致知格物付名儒。

文風丕振歌東社，康樂長教鎮北區。

寄語吾曹須奮起，典型崇拜沈和吳。

公園雨霽(嘉義公園)

滿園風景麗晴空，萬卉欣然夕照烘。

曲徑潤停梅子雨，方塘香挹藕花風。

絲絲柳糝吳棉白，片片霞翻蜀錦紅。

博得遊人騷興動，定收珠玉入詩筒。

圖左：中正公園。

圖右：嘉義公園文物館。

圖左：嘉義植物園的和親殷切。
圖右：嘉義植物園一隅。

林場風清（嘉義植物園）

十里疏林夕照明，谷風時送嫩涼生。
勒迴竹港絲絲婉，掠過蓮潭習習清。
銷夏客來爭領略，揚騷人是最歡迎。
閒偷半日逍遙後，又得攜歸兩袖輕。

橡苑聽鶯（北香湖）

橡苑嬉春愜素情，酷耽睍睆囀新聲。
嬌柔協律風前巧，宛轉如簧雨後清。
倦卻穿花頻喚友，罷來織柳又催耕。
劫餘勝景斯爲最，斗酒雙柑帶醉賡。

圖左：埤子頭植物園林景一隅。
圖右：軍輝橋及黃花鈴木映景。

鷺橋跨浪（白鷺橋）

疑是長天挂白虹，下臨流水自西東。
一鈎嫵媚搖新月，萬馬奔騰逗晚風。
倚仗徘迴吟思動，披襟領略賞心同。
憐他箴世聲何壯，潤色翻嫌句未工。

民國三十七年，當時的嘉義市長宓汝卓召集地方仕紳與文人雅士黃文陶、林玉書、許藜堂等人，成立嘉義市的「新八景」評定委員會，評選出嘉義地區具代表性之景觀。當時評選結果共評定出「八景六勝」，所謂八景分別是：蘭潭泛月、檜沼垂綸、彌陀曉鐘、康樂暮鼓、公園雨霽、林場風清、鷺橋跨浪、橡苑聽鶯等八處。而六勝則分別是顏墓懷古、王樓思徽、御碑紀績、芝亭崇勳、義廟揚仁、烈祠流芳等六處。

嘉義八景之一：彌陀曉鐘

乾隆十七年（1752 年）創建的彌陀寺，位在八掌溪畔，在「彌陀寺記」當中記載康熙年間，諸羅知縣周鐘瑄「思欲建寺其間，未幾秩滿榮歸，不暇卜築」，到乾隆十七年有位高僧來到諸羅化緣，結廬於此，後開山建廟，主祀三寶佛。歷經多次的整修，民國 62 年時舊寺建築曾經全部拆除，67 年時完成今天我們所見的彌陀寺。

詩人賴子清曾經作詩：「味爽披衣出野垌，彌陀古刹叩禪扃。水添八掌秋來白，門對三峰雨後青。法界同登人盡樂，晨鐘喚起夢初醒。若教逸響鳴霜夜，彷彿寒山寺裡聽。」

圖左：彌陀寺內造景。
圖右：蘭潭入口即景。

彌陀寺旁西側有義民塔，其中合祀忠義民公503人及忠義公19人遺骨，都是過去爲地方取義殉難人士。彌陀寺前臨八掌溪，原本有座義渡吊橋橫跨溪上，從前八掌溪急流，有「鷺橋觀浪」之景。而今吊橋已損毀封閉。吊橋左側立有「八掌溪義渡紀念碑」，是爲嘉義地區的三級古蹟，可惜碑文已湮沒難認。

寺前臨八掌溪，綠水瑩泗，門對三峰，高山仰止，寄情山水，嘯傲煙霞，晨鐘破曉，驚醒夢幻。

嘉義八景之二：蘭潭泛月

又稱南潭，古稱紅毛埤，創建於明代天啓年間（1625-1660年），在嘉義市東北方，山仔頂鹿寮，面積約七十公頃。

相傳這裡是荷蘭人爲訓練水師而開鑿，一說是爲了灌溉之用；日治時期則是作爲自來水廠的儲水池，目前仍是嘉義有名的休閒去處。

月夜泛舟潭中，明潭似鏡，輕舟若蟾，如遊廣寒之宮，可滌塵世之煩，享神仙之樂，爲嘉義勝蹟之冠。

嘉義八景之三：檜沼垂綸

所謂的「垂綸」，指的就是釣魚。也就是過去阿里山伐木業興盛時期的貯木池，目前已經塡平。現址就是今日的文化中心一帶，貯木池面積達16000坪，過去由阿里山運出的檜木先泡在池子裡再加工，故嘉義人稱此貯木池爲「杉池仔」，附近同時設有製材工廠，當年池旁遍植林木，濃蔭覆蓋，樹下垂釣別有一番風趣，故「檜沼垂綸」曾爲嘉義市八景之一，詩人賴子清有云：「北沼垂竿趁嫩晴，枕流檜木眼前橫」。

日據時期阿里山鐵路建造完成後，闢貯木池，以浸貯木材，其中以檜木居多，故又名檜池。池四周植樹，濃蔭蔽天，清風徐來，檜香陣飄，垂釣林下，有太公垂釣渭水之樂，實一休閒勝地。

嘉義八景之四：公園雨霽

今日的嘉義中山公園，建於清宣統2年（1910年），位在嘉義市區東側，所謂「公園雨霽」指的就是公園內柳綠花紅，澗水縈繞的長春景象。

公園內還保存著昔日林鐵的 21 號蒸汽火車頭，以及乾隆皇帝位表彰福康安平定林爽文之亂御筆所題的「福康安生祠碑」，當時也將古名諸羅的地名改為嘉義。

關於福康安生祠碑還有段有趣的歷史：乾隆 53 年 (1788) 皇帝御製十座紀功碑石與龜座，以褒揚福康安之戰功，其中四座全刻滿文，四座全刻漢文，二座漢滿文合刻，而滿漢文合刻的，其中一座立於嘉義，其餘九座立於台南府城（赤崁樓內）。碑石及龜座都是在廈門雕刻完成，運抵台南府城港口卸貨時，其中一龜座不慎掉入港內，於是另以台灣本產的砂岩仿造，放置於嘉義。碑座經數次遷移，最後才安放到現址。(掉落港內的龜座於 1911 年被台南漁民撈起，目前供奉在台南保安宮)。

園中林木蒼翠，蓊蔚蔽天，丘陵起伏，澗水環迴，苔徑曲折，水石清幽，池亭水榭，布置有方，異木奇花，四時不謝，身臨其境，俗慮盡釋，尤以新雨初晴，碧空雲淨，喬木滿園，嬌翠欲滴，嫩草蒙茸，漲綠宛同流水，實清修卻塵勝境。

圖左：嘉義林場公園即景。
圖右：嘉義公園內溝渠光影。

嘉義八景之五：林場風清

今天的嘉義市植物園，隸屬於農委會林業試驗所，為熱帶經濟樹種之栽植試驗地，同時以母樹園之形態經營，栽植之樹木多屬人文特色的植物，如著名的桃花心木、黑板樹、巴西橡膠樹、肯氏南洋杉…等。

昔日嘉義八景──「林場風清」碑石在園內仍可見到。

詩人賴子清詩云

地接公園景色優，森森夏木綠陰稠。
椰林蔽日不知午，橡葉呼風彷似秋。
兩袖盈攜涼習習，一天徒倚興悠悠。
宦情我本清於水，解組歸來物外遊。

遍植各種熱帶植物，樹群挺拔高聳，椰林蔽日，清風送涼，號林場風清。

圖左：嘉義植物園歷史碑石。
圖右：嘉義埤子頭植物園景緻。

嘉義八景之六：橡苑聽鶯

今日的埤子頭植物園，位在今天博愛路上博愛路橋旁，面積約 4.6 公頃，西元 1908 年設立，原本是橡膠樹之繁殖試驗苗圃地，隨時代的變遷，進而作爲造林樹種與綠美化苗木培育之場所。94 年 4 月 22 日正式對外開放啓用。

目前文化中心杉池與現在的埤子頭植物園被鐵路分隔，造成觀光遊憩路線受到阻隔，因此市政府已經向行政院爭取將台鐵民雄段至水上段的鐵路高架化，並且獲得同意補助一千萬元做細部規劃，在民國 101 年完成。

湖面廣可三四畝，湖畔茅屋參差，野竹上逼青霄，牙蕉、芒果樹、澤花等，風動波搖，冷冷幽麗，湖清荷直，迴環如帶。此湖深冬不涸，花之放，度臘乃盡，荷錢新舊相接，獨與梅菊爭奇，吐豔於北風凜冽之際。人在花香中，飄乎若出有而入無，蕩遺塵而特立也。

嘉義八景之七：鷺橋跨浪

這座橫跨八掌溪的橋樑，過去名爲鷺橋，但已經被沖毀，今日新建橋樑稱之爲「軍輝橋」。根據記載，鷺橋長五百餘尺，高七丈餘，油漆白灰色，遠遠望去像是橫空而過的鷺鳥群，從八掌溪水面飛渡一般，故名「鷺橋」。每當大雨停歇，橋邊總會出現彩虹，由山上傾洩而下的溪水浪潮洶湧，彷如千軍萬馬。

詩人賴子清詩云：

八掌溪中架白橋，恍如鷺陣掠層霄。
橫空老雁垂雙翅，跨浪長虹玉一條。
利設無愁深淺水，濟人免去來去潮。
若疑風鶴揚州去，只欠樓台月下簫。

佇立橋上，俯仰天地，遠山潑墨，青浮眼簾，近水流淙，聲入耳鼓。若驟雨初晴，長虹斜掛，驚濤拍岸，濁浪滔天。及晴空萬里，斜山啣日，稻香蔗浪，雲影天光，疑維揚之飛鶴，闕明月之吹蕭。

嘉義八景之八：康樂暮鼓

今日的中正公園所在地，位於國華街、民權路、忠義街及北榮街，四條道路所構成的中央位置，雖然面積不比嘉義（中山）公園，但因爲建有戶外的露天舞台。許多明星歌手、樂團經常在這裡舉辦活動。

雖說景物已非當年，但這裡的功能性依舊。原爲諸羅山社公署所在地，清朝闢爲外教場，日據時代爲公會堂，光復後闢爲康樂區，設圖書館、教育館、籃球場等，成爲民衆休閒場所，每到黃昏，市民或休息或競技於此，熱鬧非凡。

過去的生活物質享受雖然比不上今日，今天我們回頭看這些所謂的八景也不見得能體會有何稱頌之處，但前人對於生活品質的要求，卻不下於今日物質生活優渥，但生活品質空乏的現代人，景觀本身並無太多奇特之處，貴在觀者內心的意境是否能夠超脫物外所見。

美與不美之間是見仁見智的，但自我深度的修養，卻可讓我們對於平淡無奇的生活事物多了一番不同的看法，所謂「一沙一世界」不也正是如此？

生活時代雖然不同，但前人的生活智慧和哲學卻仍適用於今日的我們，實地踏察的接觸更能讓我們貼近這些歷史軌跡，其實，我們所渴求的安定、滿足與快樂，都在一直我們身邊等待我們去發掘。

以上文字來源：嘉中校友全聯會

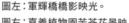

圖左：軍輝橋橋影映光。
圖右：嘉義植物園苦苓花景映。

祖父在世時，許多文人會到慕元樓作客。一本老舊別冊得封面就有當年擔任嘉義區長也是詩人蘇孝德（櫻村先生）題字。別冊中有陳澄波、林玉山、王亞男與日籍畫家之作品。

嘉義被稱為「畫都」源起於日治時期，嘉義畫家參加台展成績優秀，展露群體才華。至1938年首回「府展」，入選人數佔有二成，關心地方文化者賴雨若、蘇孝德、賴尙遜、張長容(祖父)、賴子清、張李德和……等，贊助畫展與推廣藝文活動。愛好美術人士周燕、張洋柳（我祖父的叔叔)、黃丁酉……等支援自勵會學習，聘請林玉山為講師，栽培青年美術作家，厚實參賽能力。這些士紳女史都是成就「畫都榮耀」背後功勞者。

嘉義女詩人 張李德和

嘉義詩人雅集之風沿自清代，詩社活動在日治時期達到高潮，有「羅山吟社」、「玉峰吟社」、「鷗社」、「嘉社」、「連玉詩鐘社」…等。1926年，詩人活動常聚於琳瑯山閣，此處幾乎成為嘉義藝文活動的重心。琳琅山閣成立於諸峰醫院，主人張李德和能詩善畫，夫婿張錦燦為諸峰醫院醫生，夫婦溫雅好客，熱心公益。琳瑯山閣賓客往來不絕，吟詠之聲幾無中斷。1927年「台展」首辦，陳澄波與林玉山都入選，隨即知名於嘉義藝壇，不久林玉山為山閣常客，而陳澄波也時有參與。因畫家的加入，詩文書法琴棋雅集發展為詩書畫為主的活動，常見有即興合作留下的詩畫墨寶。來訪客寓的北平大學美術教授王亞南，與在地雅聚交流，提議組織團體，啓發1928年「鴉社書畫會」創立。之後，結合美街與各方文會，春萌畫會、書畫自勵會、墨洋社、嘉義書畫藝術會及青辰畫會等陸續成立，拉開嘉義美術走上台灣重要美術舞台的序幕。

圖右：嘉義公園凋殞黃花鈴木滿地。

張李德和（1893-1972），生於西螺，小時候即入書塾習漢文，父親傳授書法，1908 年就讀於台北國語學校附屬女學校。1912 年嫁嘉義街拔元巷張錦燦醫士。曾組琳瑯山閣詩會、連玉詩鐘會，並參與鷗社、羅山吟社等文人聚會。1933 年開始參加「台展」、「府展」，並加入「春萌畫會」。1939 年起，以蝴蝶蘭、扶桑花、南國蘭譜於府展連獲特選三次，後膺推薦免審查展出。美術史學者林柏亭撰述張李德和時，描寫她：「…賦性恬靜，珠璣滿腹，有不櫛進士之稱。馳騁於藝苑，謙恭禮士，慷慨接物，文人雅士，往返於逸園者，絡繹不絕，對於藝壇多所貢獻，也是主導贊助藝文活動的重心。」

光復後第五年是虎年，嘉義女詩人張李德和時年 57 歲，寫了一首有關慕元樓的詩，對日本戰敗，台灣有新的未來，賦予期待。

圖左：國華街慕元樓舊地—嘉慶大廈。
圖右：《羅山題襟集》，民國四十年出版，張李德和編著。

歲虎當頭發浩歌，
聯翩裙屐翠諸羅。
慕元樓上敲聲振，
桃子城頭淑氣和。
大地春回南浦草，
史題人憶北湖荷。
心虞刻燭偏多興，
奮起高揮逐日戈。

張李德和與林玉書都是嘉義著名的詩人，在研究嘉義歷史的課題中，是不可或缺的明珠。

戰後，張李德和當選臺灣省議會第一屆省議員，提倡女子教育的重要性，籌辦婦女會、愛蘭會等，推廣女性教育與社會改進。創辦「玄風書道會」，推動書道傳承。在遷居台北之後，仍關心嘉義藝文環境，囑託書法家陳丁奇主持「玄風館」，推廣書法藝術與詩文修養。

張李德和長期關心藝文環境，贊助嘉義地區之詩書畫活動與展覽，參與多項跨領域的創作交流，整理嘉義最早的美術史料文本，樹立學習的典範，帶動地方文化發展。

嘉義被稱為「畫都」
源起於日治時期，
嘉義畫家參加台展成績優秀，
展露群體才華。
關心地方文化者
賴雨若、蘇孝德、
賴尚遜、張長容（祖父）、
賴子清、張李德和……等，
贊助畫展與推廣藝文活動。

圖右：嘉義公園的榮枯植被更替。

圖左：羅山題襟集，為張李德和女士之詩集。
右上：羅山題襟集收錄林臥雲之詩。
右下：張李德和女士水墨作品。

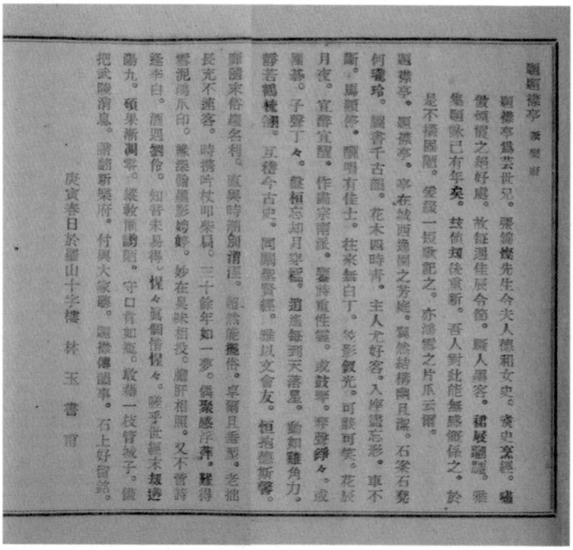

麗襟亭　新樂府

麗襟亭爲芸世兄。張錦燦先生令夫人德和女史。奏史家經。嗜
儉煙霞之絕好處。故每逢佳辰令節。騷人墨客。裙屐翩躚。雅
集麗歌已有年矣。技術翔後重新。吾人對此能無感懷係之。於
是不揣固陋。爰綴一短歌記之。亦鴻雪之片爪云爾。
麗襟亭。麗襟亭。亭在城西邊園之芳庭。翼然結構幽且潔。石案石凳
何璁玲。圖書千古韻。花木四時青。主人尤好客。入座盡忘形。車不
斷。馬頻停。醞唱有佳士。往來無白丁。爭影鈫光。可歌可笑。花辰
月夜。宜醉宜醒。作畫宗南派。鑒詩重性靈。或鼓琴。琴聲錚々。或
圍棊。子聲丁々。盤桓忘却月穿櫺。逍遙每到天落星。動如雞角力。
靜若鶴梳翎。互稽今古史。同闡聖賢經。雅以文會友。恒抱德斯馨。
廓爾宋俗趨名利。直與時潮別涓涇。超然能脫俗。卓爾且垂型。老拙
長充不速客。時携吟杖叩柴扃。三十餘年如一夢。偶聚感浮萍。難得
雪泥鴻爪印。兼探翰墨影娉婷。妙在臭味相投。肝膽相照。又不管詩
逢李白。酒遇劉伶。知音未易得。惺々眞個惜惺々。嗟乎世經未越透
陽九。碩果漸凋零。縱教備謗陋。守口肯如瓶。敢藉一枝管城子。儘
把武陵消息。譜諸新樂府。付與大家聽。麗襟傳韻事。石上好留銘。

庚寅春日於羅山十字樓　林　玉　書　育

畫菊自序

人爲萬物之靈，志有萬端之異。
學琴學詩均從所好，工書工畫各有專長，
是故咳唾珠玉，謫仙闢詩學之源；
節奏鏗鏘，蔡女撰胡笳之拍，
此皆不墮聰明，而有志竟成者也。

若夫銀鈎鐵畫，固屬難窺。
儷白妃青，亦非易事。
余因停機教子之餘，調藥助夫之暇，
竊慕管夫人之墨竹，紙上生風；
敢藉陶彭澤之黃花，圖中寫影。
庶幾秋姿不老，四座流芬，
得比勁節長垂，千人共仰，
竟率意而鴉塗，莫自知其鳩拙云爾。

——張李德和

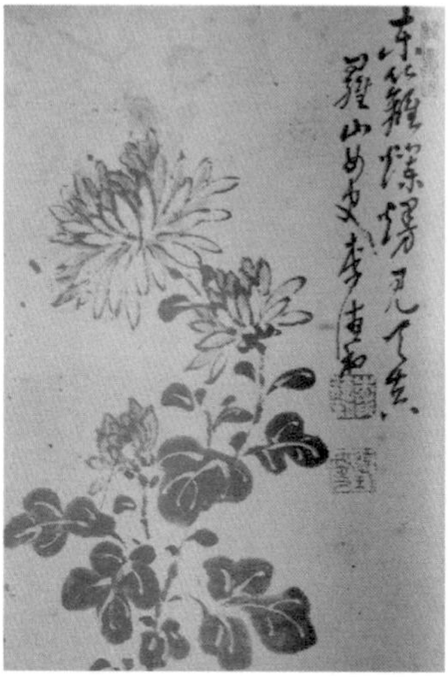

◎ 硐程詩稿 （隴 社） 硐程 廖 木 桂

長亭柳

新枝嫩葉短長亭。十里鬖々一色青。底事風塵攀折苦。子規聲裡感飄零。

村 舍

窓前隙地種芭蕉。恰好柴扉對板橋。莫道簷椽茅蓋屋。經年風雨任飄搖。

◎ 克明吟草 （隴 社） 克明 林 俊

賣花聲

一肩春色十分嬌。喚破香閨夢正遙。繞遍六街還曲巷。美人入耳總魂消。

深夜小酌

[illegible]

[illegible]

話別芸窗十五年。[illegible]。如今已證三生石。雅會重開二月天。醉歸今宵聯聚首。狂歌明日各揚鞭。芝蘭氣味欣同嗅。海角天涯一線牽。

◎ 慕元樓詩鈔 （隴 社） 个臣 張 長 容

讀和岳叔父林臥雲先生七十自壽原玉 六首錄四

實籙懸空映壽筵。六街簫管慶還年。極星火樹光爭豔。修竹蒼松節並堅。

璇閣直須邀月飲。品高無復倚人憐。老來坐享清閑福。十字樓頭小洞天。

所欲從心信足矜。邁年猶伴讀書灯。誨人不倦愚堪頌。待物惟均德可稱。

擧仰騰蛟還起鳳。文如躍鯉更飛鵬。樂天素又耽風雅。到處從容讚有恆。

九牧懸弧際艷陽。上元宵獻紫霞觴。月圓花好人增壽。子肖孫賢世永昌。

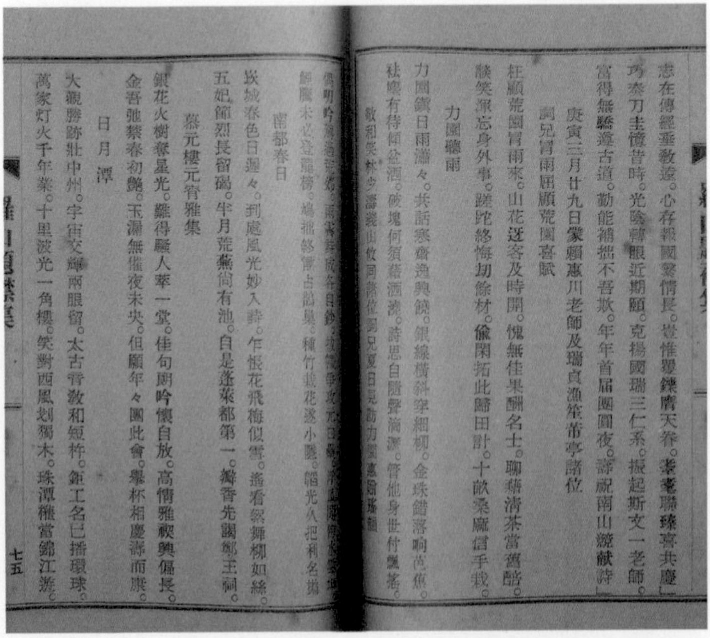
志在傳經垂教遊。心存報國繫情長。豈惟璺鏤膺天眷。李耄聯臻共慶

巧奪刀圭德昔時。光陰轉眼近期頤。克揚國瑞三仁系。振起斯文一老師。

富得無驕遵古道。勤能補拙不吾欺。年年首屆團圓夜。詩祝南山薦獻詩

庚寅三月廿九日蒙賴惠川老師及瑞貞漁笙芾亭諸位

詞兄冒雨屈顧荒園喜賦

枉顧荒園冒雨來。山花迓客及時開。愧無佳果酬名士。聊藉清茶當酒醅。

談笑渾忘身外事。蹉跎終悔朽餘材。倫閑拓此歸田計。十畝桑麻信手栽。

力園聽雨

力園鎮日雨濛々。共話寒齋逸興饒。銀線橫斜穿細柳。金珠錯落響芭蕉。

袪塵有待傾瓮酒。破塊何須藉洒澆。詩思自隨聲滴瀝。管他身世付飄搖。

敬和笑林少濤幾山攸同諸位詞兄夏日見訪力園惠贈瑤韻

偶明吟[illegible]。兩家[illegible]成各自鈔。[illegible]

歸騰未必登龍榜。鳩拙終需占鵲巢。種竹栽花逐小醜。韶光入把利名拋

南都春日

嵌城春色日遲々。到處風光妙入詩。乍帳花飛梅似雪。遙看絮舞柳如絲。

五妃節烈長留碣。半月荒蕪尚有池。自是蓬萊都第一。鄉香先謁鄭王祠。

慕元樓元宵雅集

銀花火樹奪星光。羅得騷人萃一堂。佳句朗吟懷自放。高情雅趣興偏長。

金吾弛禁春初豔。玉漏無催夜未央。但願年々團此會。舉杯相慶壽而康。

日月潭

大觀勝跡壯中州。宇宙文輝兩眼留。太古晉敎和短杵。鉅工名已播環球。

萬家灯火千年業。十里波光一角樓。笑對西風划獨木。珠潭穩當鎮江遊。

收錄於《羅山題襟集》，民國四十年出版，張李德和編著。

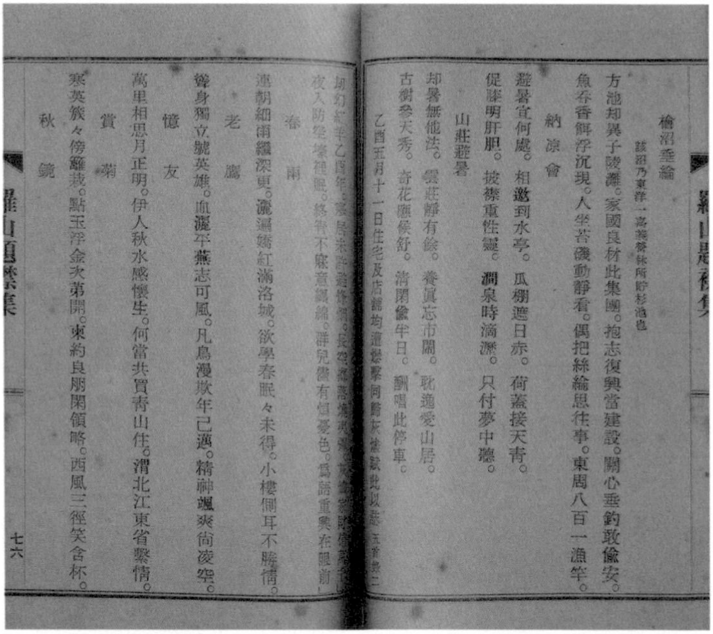

羅山題襟集

檜沼垂綸　該沼乃東洋一高義發林所貯杉池也

方池知異子陵灘。家國良材此集團。抱志復興當建設。關心垂釣敢偸安。魚吞香餌浮沉現。人坐苔磯動靜看。偶把絲綸思往事。東周八百一漁竿。

納涼會

避暑宜何處。相邀到水亭。瓜棚遮日赤。荷蓋接天青。促膝明肝胆。披襟重性靈。澗泉時滴瀝。只付夢中聽。

山莊避暑

却暑無他法。雲莊靜有餘。養眞忘市鬧。耽逸愛山居。古樹參天秀。奇花應候舒。消閑偸半日。酬唱此停車。

乙酉五月十一日住宅及店舖均遭爆擊同歸灰燼錄此以誌　五首錄二

[illegible]

夜入防空壕裡眠。終宵不寐意纏綿。群兒猶有惶憂色。爲語重興在眼前。

春雨

連朝細雨織深更。瀧遍嬌紅滿洛城。欲學春眠々未得。小樓側耳不勝情。

老鷹

聳身獨立號英雄。血灑平蕪志可風。凡鳥漫欺年已邁。精神颯爽尚凌空。

憶友

萬里相思月正明。伊人秋水感懷生。何當共買青山住。渭北江東省繫情。

賞菊

寒英簇々傍籬栽。點玉浮金次第開。東約良朋閑領略。西風三徑笑含杯。

秋鏡

七六

張長容

慕元樓詩抄

西子灣 無詩

因為 詩人 已經遠颺

眺望柴山濱海的眼 無淚

遊子 已歸故鄉

春天的布咕鐘

因 太重的鄉愁 停擺

然而

清朗的詩人

用文字的帆

頌讚生命航程的美

永遠 傳唱

The beauty on the western coastline has stopped producing poems
Far far away it is the poet has gone to
Looking directly into the eyes of the longlife mountain coastline
The lonely guy returned to hometown in stillness
Seized the cuckoo-bird bell of Spring from its swings
Due to the heavy nostalgia a deep inside
Remained, the spirit of the skinny poet
Which has demonstrated the beauty of a life journal
With his words
Forever, praised by generations.

寫給余光中

圖左：海景冬意。
圖右：浮雲遊子。

蘇格蘭威士忌

昨夜口喝了蘇格蘭威士忌

無恙 留有餘味

清晨沖澡 全身每一細胞 散發酒香

才知道 酒早已滲入心肺

趕緊來一杯咖啡

喚醒昨日沉醉

圖左：張尚為墨畫。

圖右：拉花凝味的熱騰咖啡，一啜難忘！

秋的咖啡

秋的咖啡　最有味
冷熱相宜　的天
最適合妳
挑剔的味蕾

秋的咖啡　最有味
如妳　遮微髮梢
清純害羞　　的臉
常常是　　已讀不回

明天更好今日好
一勞永逸豈牢靠
滾石無苔人常歡
筆動墨舞沒煩惱

半路出家亦成家
長年說愛非眞愛
有心做事要當下
偶然悸動是吉時

無題

寄不出去的情書
忘不掉的人影
不能釋懷的往事
都是最美麗的雲煙

陽明山秋藝浪伏，湮波渺渺。

花守空房

花守空房 女盼郎

微風慢吹 敲鈴鐺

月下燭殘 秋露重

筆墨樂見 主人還

圖左：罌粟花。

圖右：秋漩潤漾。

福田

一絲微雨

那小小池塘

便成了湖泊

一個輕言

那淺淺的渺視

恐釀成災禍

謙虛如山谷

蜂蝶自然舞

心口同修鍊

城府自衍福

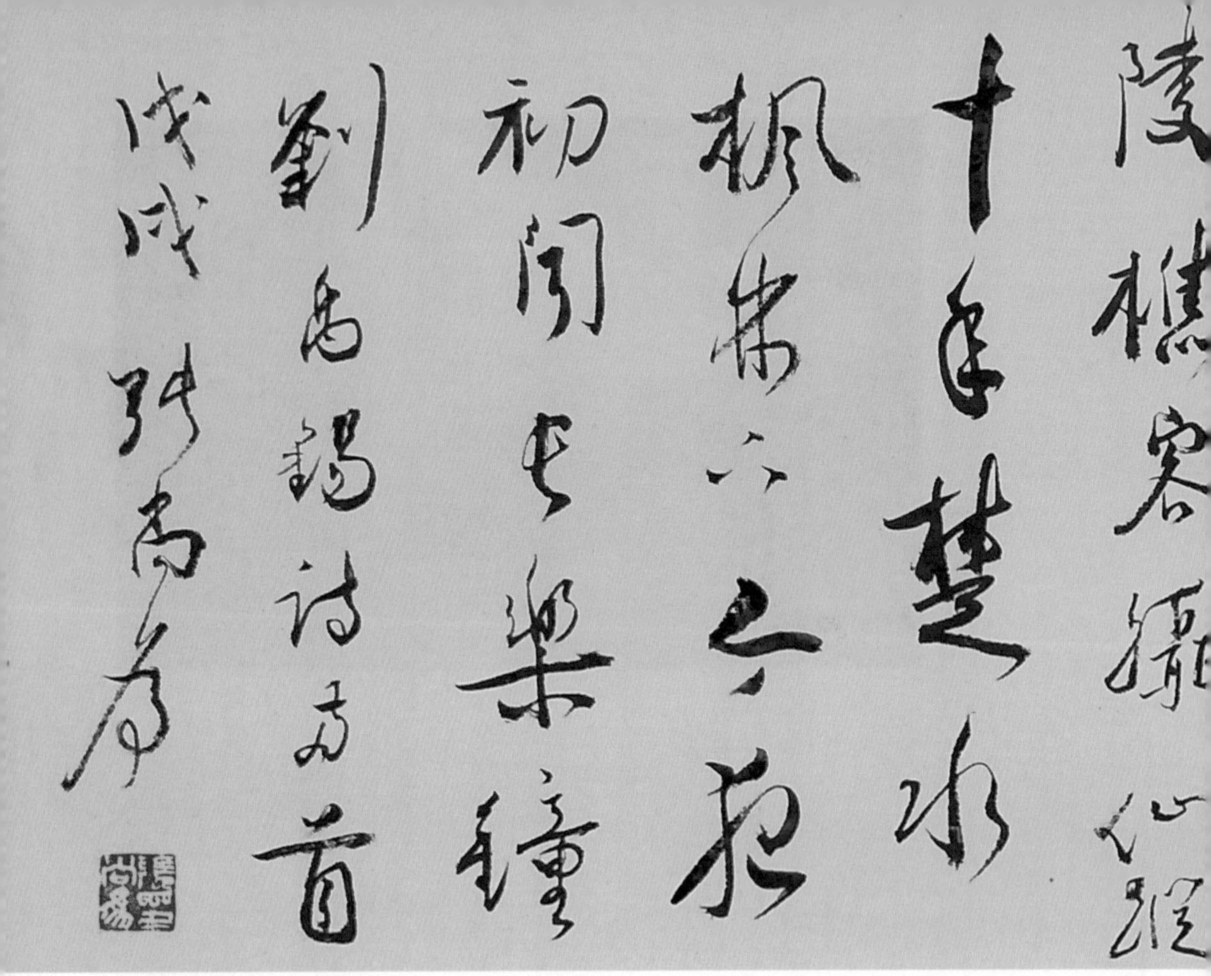

南島飛來紅斑鳩，寒氣蕭蕭施翩秋。

留下皙白兩顆蛋，缺了慈母心憂憂。

急搬電爐當褓姆，小心翼翼把蛋孵。

人工孵育心切切，盼得老天來相助。

七日辛勞勤照顧，小鳥一對探頭出。

餵主心喜淚忽忽，日夜呵護伴書讀。

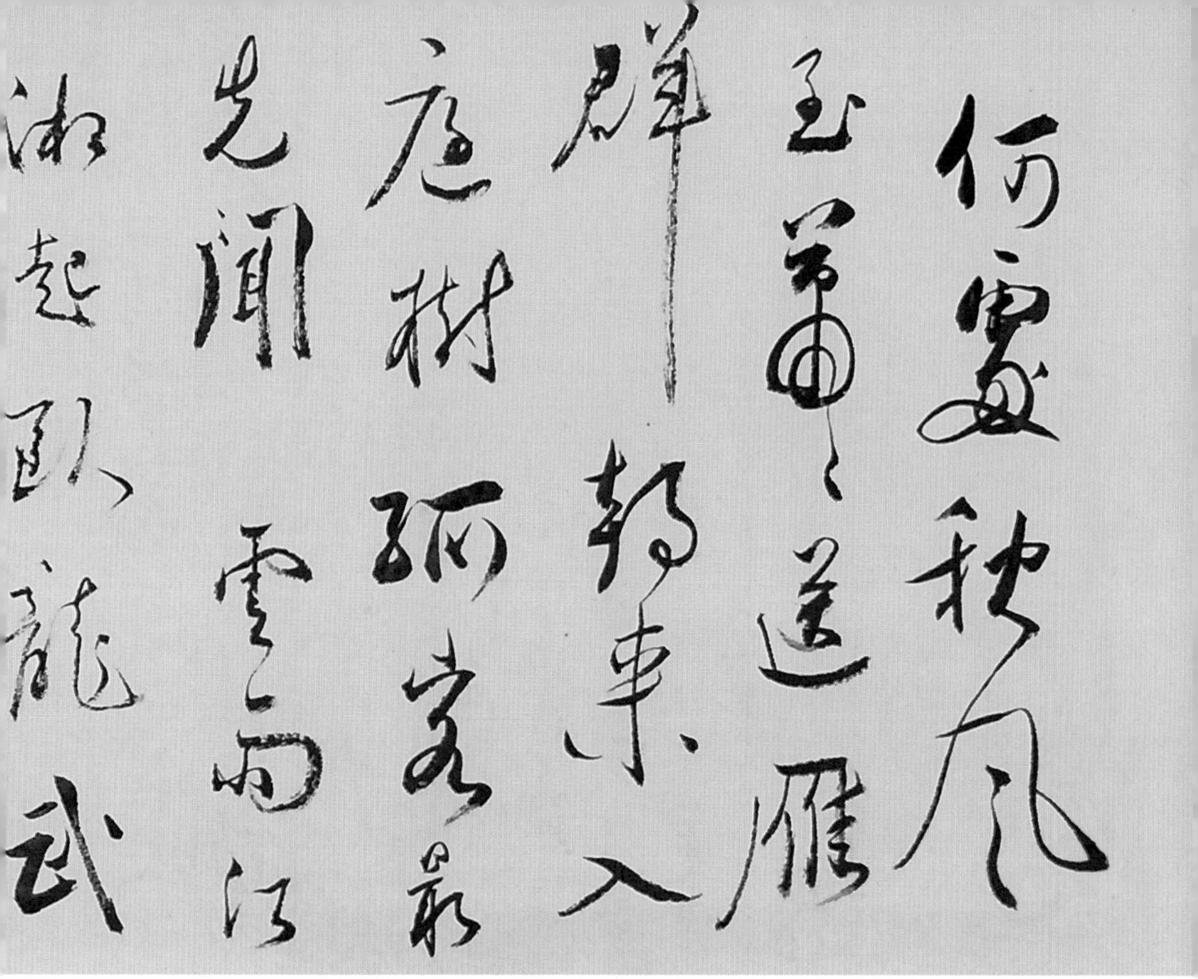

紅斑鳩

一朝羽豐終展翅，五穀胃腸藥齊服。
啁啾巢暖日夜歡，咕咯相依美夢圖。

灌食有效體重升，不料吃入太多物。
撐死幼鳥實大誤，楚切哀傷眞唐突。

人生初當鳥父母，豈知溺愛惹災浮。
但願雛鳥知我意，早日輪迴求幸福。

丁酉中秋

柚粒纖細如紅唇
輕觸微顫心甜蜜
人生倏忽飛鴻征
明月獨照共千里

圖右：張善為水墨畫。
圖左：臺灣原生種—穗花棋盤腳，五月開滿花穗，
宜蘭羅東五十二甲溼地。

七月玫瑰

性慾高漲的七月玫瑰

多情而善感的毛筆

翩然起舞在香艷的午后

惱人的柚香

急著和我筆墨交融

靈蛇蠢蠢欲動

我 放懷 歡享

直到玫瑰凋零

歲月的痕跡

嬝嬝雲煙豈無家，暫泊山巔倚天涯。
日落起竈紅霞透，夜吻窗台濕袖紗。
淩晨筆醒硯猶繞，釋墨於水補舊橋。
跨過千年東坡夢，歲月如梭握今朝。

我乃臥軌枕木
橫躺條條道路
依我前行
孜孜矻矻
焚膏繼晷
沒有懺悔

火燒雲中見幽端
相親含羞眉兒彎
臉紅猶保自然態
深怕對方眼看穿

圖左：駁牆刷漆，留痕如墨殘。
圖右：山嵐沉浮若隱現。

問

勿問野花 家花好
只要能香 即我花
花無貴賤 人無色
膚色稍異 心無差

懵懂

酒後猶醒誰最念
欲睡無眠燭淚前
既是懵懂何惆悵
轉蓬愁緒相思煎

一心兩用蝶戀花
三催四請果粉刮
五窮六絕秋菊綻
七零八落數荷蛙

圖左：張尚為書法。
圖右：罌粟傳奇，虞美人媚姿。

我將甜菜根
搗成一顆春藥
讓失溫的季節
開始悸動
如行草　跳躍

那隸書
正蹲坐一旁
傻笑
評論著行草的快猛叫囂

少點性愛的亢奮
兩人世界
比較能相愛
到　終老

我將甜菜根
搗成一溪春潮
讓春泥護花
哎呀
只有蚯蚓知道

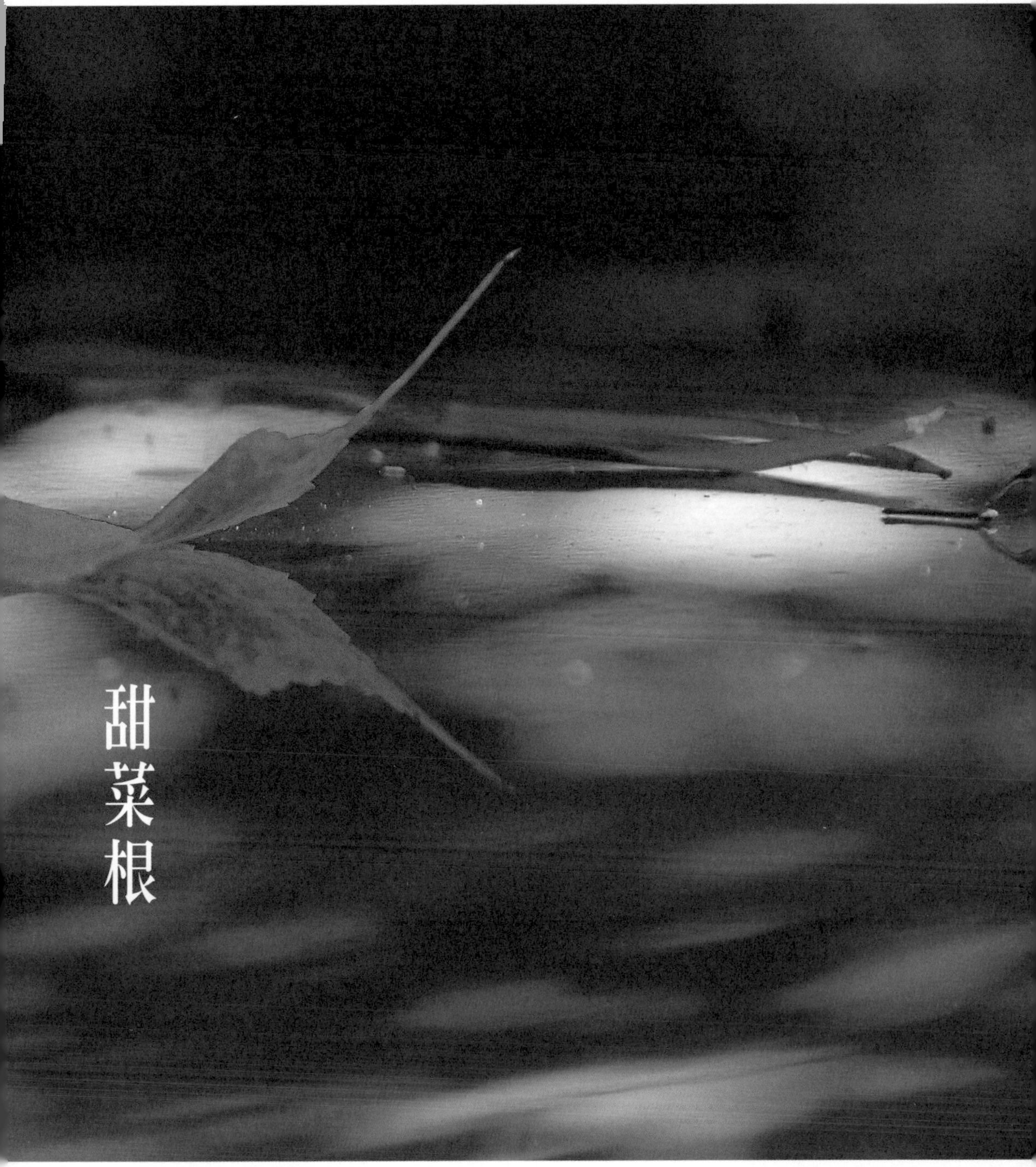

孤葉泊思，只待何憐？

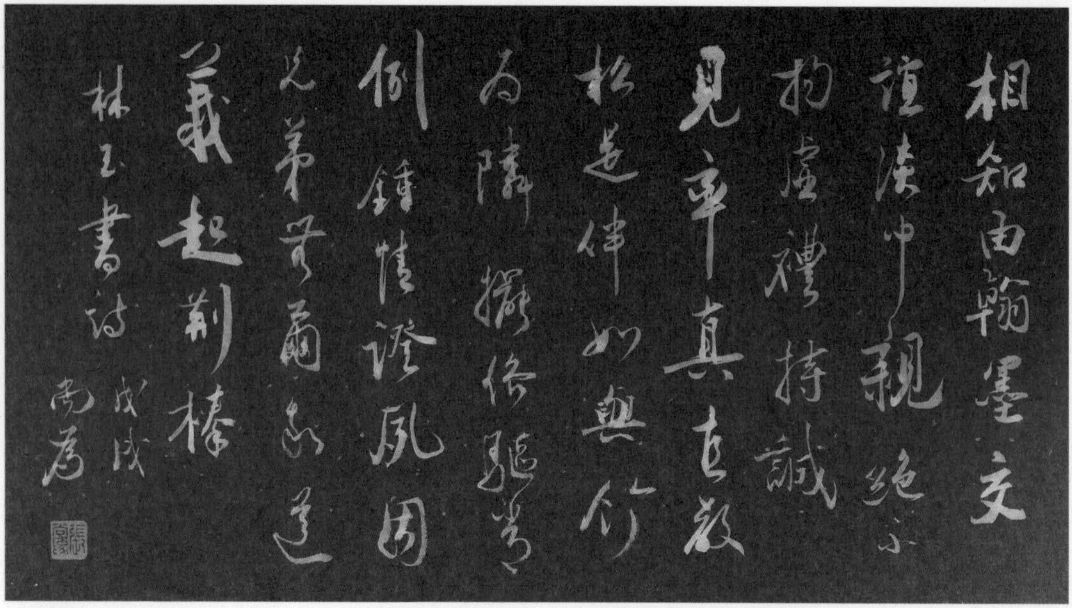

往往醉後

往往醉後 遣興寂寞

執筆以釋懷 山水染霞落

馳騁江岸 雙燕頡行

湧墨以向前 風雨且無畏

草偃風疾

隸己利人

酒中天地

眞情謳歌

手把芋舨細問天，
人間美景幾多年？
寒食節氣荼蘼釀，
新舊斟酌總相延。

寫陽明山竹子湖於清明前後，
海芋盛開之況。

寒食問天

圖左：相知由翰墨，交誼談中親。
圖右：嘉義公園寒雨後的孤零。

急淡江

月引滿潮急淡江
路旁遊客忙疏散
觀音山側彈塗魚
港搖風盪輕帆亂

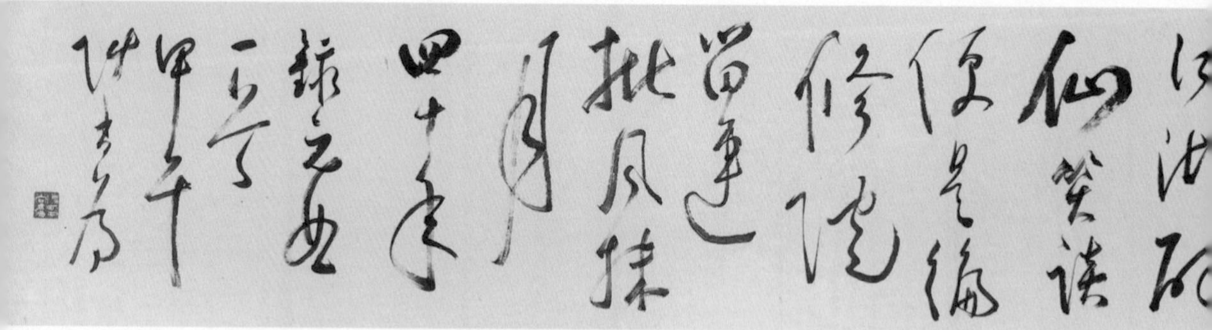

圖左：人孔蓋上之浮光掠影。

雨中抒懷

雨大雷急催人老
手鈍筆遲碑帖考
冷氣房中睡意深
苦想何能書法好

去年燕子來，帘幕深深處。

香徑得泥歸，都把琴書污。

今年燕子來，誰聽呢喃語？

不見卷帘人，一陣黃昏雨。

——辛棄疾《生查子》

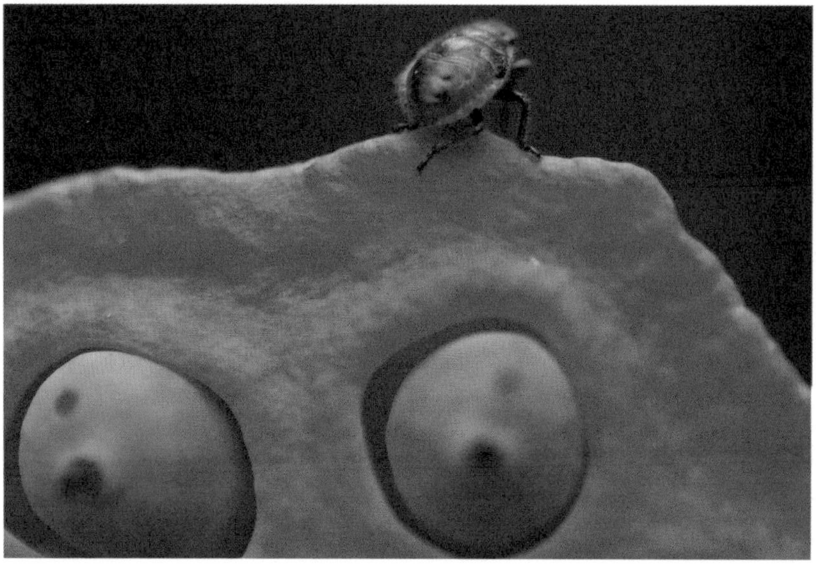

生查子

去年燕子來，花依草木應。
蟲兒驚蟄唱，星月同聲鳴。
今年沙漏暗，疑是燕歸影。
刹那雲遮月，箜啞空人亭。

———張尚爲《生查子》

圖左：美人凋零，腰桿不屈。
圖右：蓮藕巧遇象鼻甲蟲。

詠花詩

浪笑野花不及春，牡丹何處避芳塵？
尚教解語應傾城，爲報殷勤看花人。

——— 林廷歡

浪人野花願惜恩，牡丹芊蔚度風塵。
廷寄禪語發人省，最愛春泥護花人。

——— 張尚爲

圖左：八掌溪旁，黃花風鈴木叢群。
圖右：驚人細直腰樣「虞美人」。

打呼

近來慵懶床打呼
胸壑跌宕誰相扶
獨闖荒徑隸書嘆
行草相依望殊途

寫隸書如憲兵隊伍前進，整齊劃一。
若有行草蕭散自由習性融入，
就沒那種嚴厲莊嚴之美。

女媚留香豔

白宣邀棉被共眠
落筆與孤詣齊飛
床因女媚留香豔
墨爲狂狷烙紅薇

圖右：秋芒搖曳輕盪，新店灣潭。

小時不識月，呼作白玉盤。
又疑瑤台鏡，飛在青雲端。

———李白《古朗月行》

及長尋故園，月滿花正妍。
悲時掩其面，倩影水中間。

———張尚爲《古月今照》

古月今照

圖左：內蒙巴丹吉林沙漠，沙河日出光映。
圖右：日本東北山形縣，路過田澤湖光影。

利他

多半的人學寫字出發點是

利己

書法教育應還要強調

利他

書法是全人格的

養成

也是整個社會向上的

基石

圖左：嘉義公園射日樓前景。

圖右：吳鳳廟後院盆藝紅牆。

孤筆一松濤

細語款曲音繚繞，玉人何在萬念膏
最惱風月愛寫字，孤夜獨筆一松濤

裂筆雖老知行草，新毫猶生難悟道
夜空月伴心祈禱，舞墨蒼穹窺全貌

我從未眞正搞懂人生
也不認爲自己的字很美
但有朋友一起探索　習寫字與寫詩
都最是快樂的事

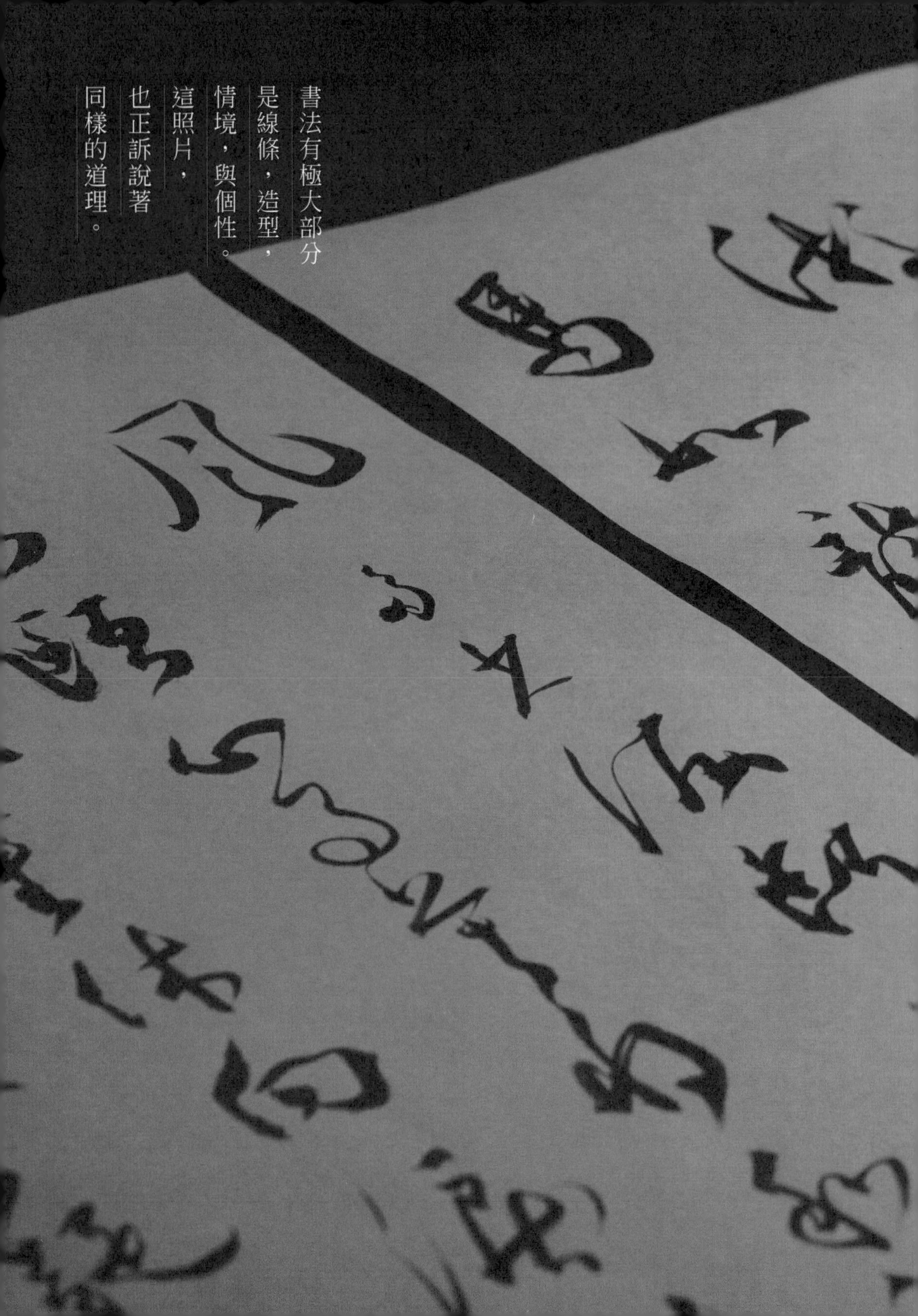

書法有極大部分
是線條，造型，
情境，與個性。
這照片，
也正訴說著
同樣的道理。

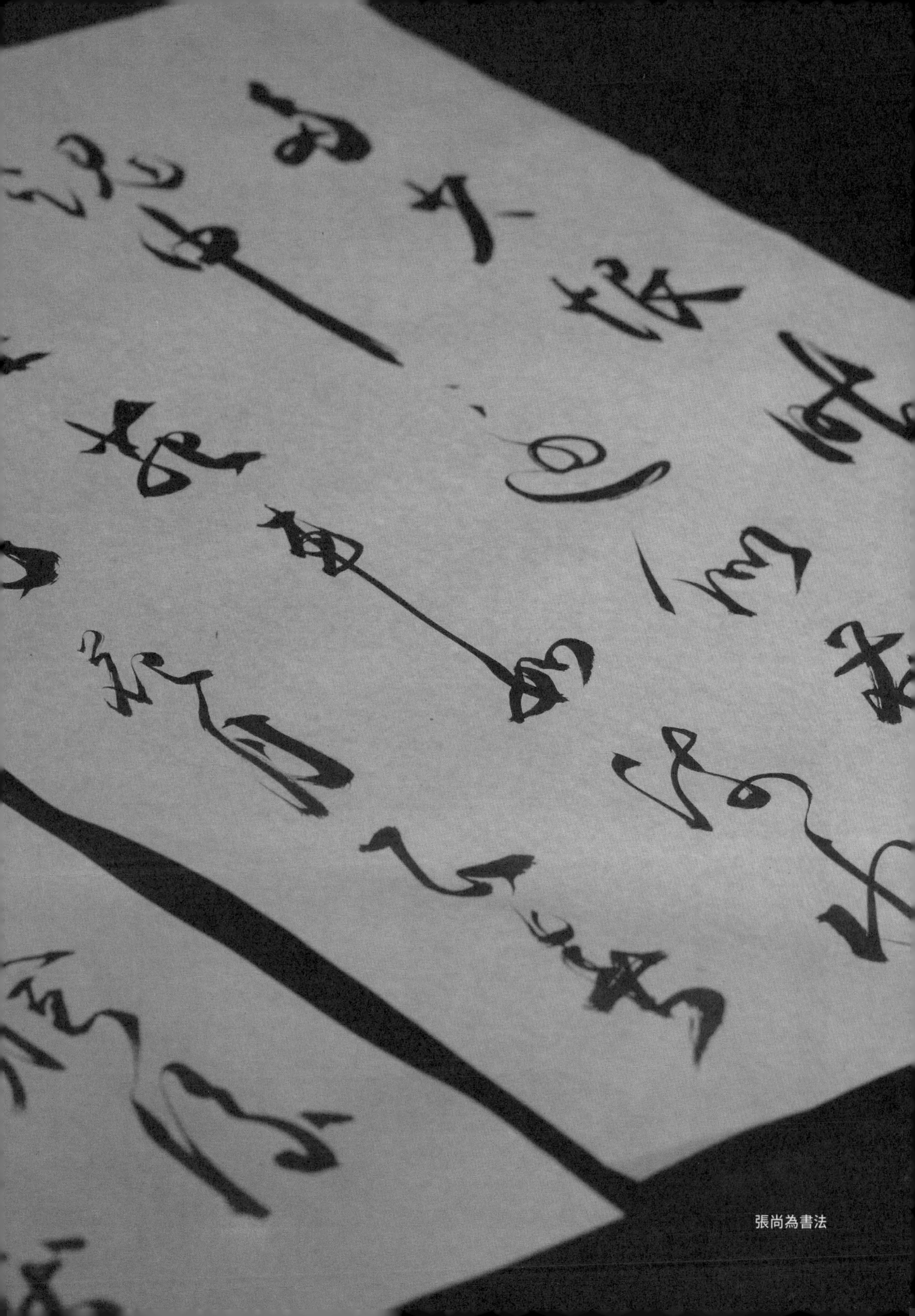

張尚為書法

見黃宗義教授十八歲書法有感

老成難覓青澀味
韶光一去不復回
偶見少年勤書法
千山伴月雨樵歸

圖左：川陝交界「光霧山」晨曦雲海。
圖右：張尚為水墨作品「虞美人」。

靈魂

男人的一半是女人

花朵的一瓣是野蜂

山巒的一伴是雲嵐

書法的一盼是靈魂

年輕人書法的臨摩，如兒童牙齒帶上牙套，
要牙長整齊。拿下牙套，牙齒才有型。
成年人學書法，臨摩經典，如女人塑身，穿馬甲。
爲的是，求身型之美。書法，除了外在身型的美，
還要求內在氣質的雅。
這就要靠文史哲、科學、與心靈的修養。

新店直潭，夏日一陣瀝雨午后。

更年期

老筆將壞人更年
風雨聲中墨無彩
重買新毫雖易事
難在盛年不重來

我的書法正進入更年期，
如有盜汗，暴躁，
與焦慮現象，請正常看待。

誰翻樂府淒涼曲？風也蕭蕭，雨也蕭蕭，

瘦盡燈花又一宵。

不知何事縈懷抱，醒也無聊，醉也無聊，

夢也何曾到謝橋。

———納蘭性德《采桑子》

采桑子

大甲大廟鑼鼓敲，你踩高蹺，我踩高蹺，
農餘迎神鬧春宵。
白河白鷺池面躍，東採蓮謠，西採蓮謠，
划槳撐篙樂逍遙。

——張尚爲《采桑子》

圖左：五月筍季，竹篙亭亭並立。
圖右：嘉義市國華街，廟客迎神祭典。

機器人寫蘭庭序
參數設定求其美
形貌模仿或逼眞
最難尺牘十七帖

感情 情緒 氣節 個性 是行草的靈魂

互動與相融

一半山城一半湖
一篇書法一寸心
遙想家鄉路長遠
童年歌聲唱餘音

網路書法貴互動
留下評語更相融
今朝能書存善念
賞字多者樂無窮

圖左：虞美人待苞光影。
圖右：年輕時臨帖。

莫忘初衷，努力書法且從容，

愛也由衷，情也有終，

青山依舊，揮去雲蹤。

惟愛相從。

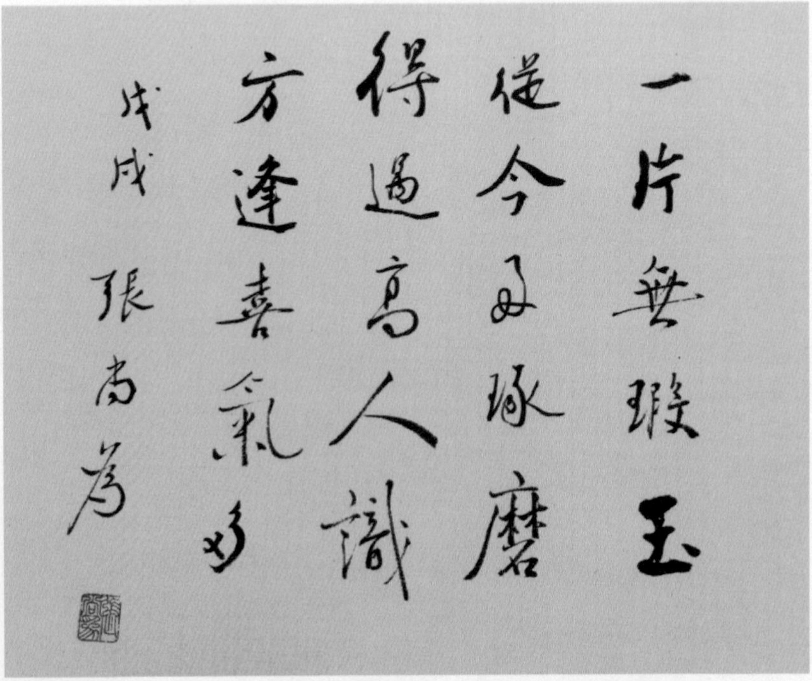

魏碑

思訓作畫眞道勁，
自創釜劈山勢挺。
魏碑起筆應有型，
頓抑霹靂乾坤定。

書法有極大部分是線條，造型，情境，與個性。
這照片，也正訴說著同樣的道理。

一瞬間

那行草的船槳

已划過

時間的河流

橫跨記憶的橋

悠悠的連結

熱情的心月狐

正等著

牽起一條紅線

把孤獨字串

送入你的眼簾

心月狐

內蒙額濟納旗，胡陽林水映。

陳冠宏：比賽字才須刻意安排思考修正，然後反復書之，有位書壇祭酒曾自言，每年參賽完，即再準備構思一幅寫一千遍再送審，書法和繪畫不同之處在於不做事後之增減，雖然可容許一再書寫，但往往缺一掛萬。書法的消長可以見証到不完美的人生眞實的一面，書法的佳思忽來可以見到書者的眞性情，但前題必須是在不刻意的形態之下才能獲得。君不知三大行書都在偶然之下成書的嗎？至於嚴謹反思構想推敲等等，只在於平常訓練下可儲於心源，即平日的功夫養成教育啊！

尚爲兄是書法界的唐吉訶德啊！

我的書法，應該就大致是如此水平，要攀高，並非易事，心要向外求，筆下功夫，還得向古人討教。

我在臉書上，只售兩物，包子與饅頭。

行草是包子，隸書是饅頭。按讚即顧客，老闆心感恩。

以現代人普遍對隸篆與草書之生疏，不是事先想好，恐不易寫，所以要隨興書寫，恐只有行書能適用吧！其實，隨興書寫，不管那一種書體，都需長年鍛鍊，才能爲之。

我寫字（行草）無設計和預想，翻到那一頁詩文，就寫了，所以很隨興，有人就認爲這樣容易有缺點曝露，但這是見人見智的問題。認爲要先想好再寫的人，可能是完美主義者吧！

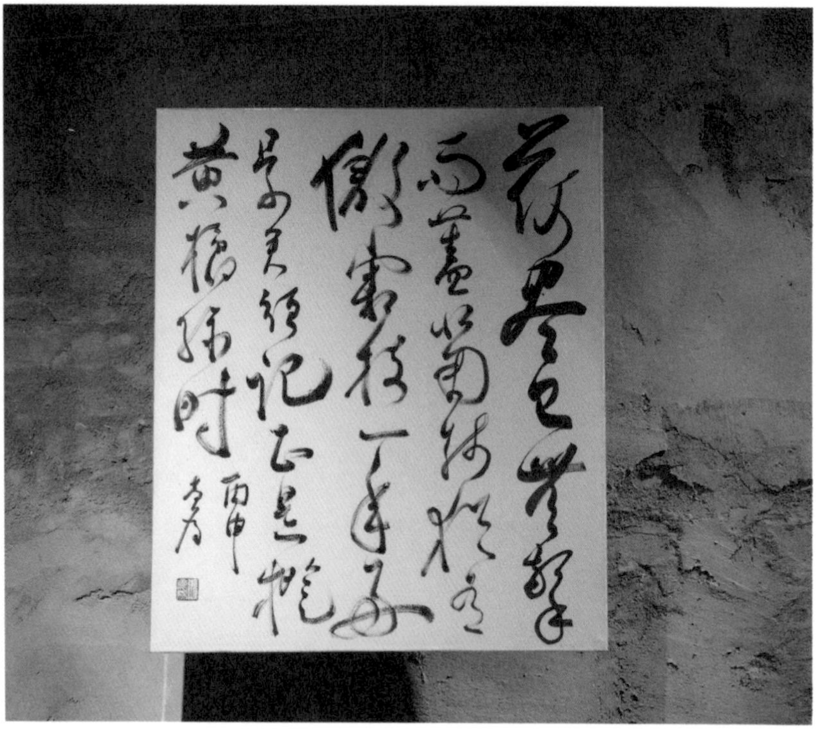

斑駁水泥牆上的行草

掛於班駁水泥牆上的行草

它生動靈活 只跟您好

是緣份 還是膽識

讓古典騎乘現代的雲豹

跑出線條與垂涎的櫻桃

圖右：張尚為書法。
荷盡已無擎雨蓋，菊殘猶有傲霜枝。
一年好景君須記，最是橙黃橘綠時。

張思惟先生是一位製陶的奇人。他以三年的時光，親手捻出媲美宋代汝窯的精美鶯歌白陶，那極度純美的珍珠白光，從瓶身微微散發幽靜之美，引領我的身心靈走回千年以前的時空隧道，汴京風華再現，華夏美學重生，思惟兄正是「那當年」創作出官窯的第一把高手。

陳桂娥女士擅長工筆花鳥，復古文物的圖騰，細膩地被刻劃在陶胚的身上，無畏於不平整的抛開線表面，正因有桂娥「以愛為名」的蓮步輕移，才對陶身的美飾加添無比魅力。

思惟在台北漢聲雜誌社擔任美術組長，工作三十年，到了 50 歲，突然有了一念，要卸下這一成不變的工作，自己再找出新的生涯規畫。他與妻到鶯歌老街閒逛，無意間發現親手捏陶的巧妙樂趣，點點滴滴地學習，就這樣把自己的後半輩子投入到新的領域，在「無心插柳柳成蔭」的情緣下，成了陶藝家，把陶的古精神喚醒。

當我第一次在網路上看到阿娥與思惟創作展覽海報時，那白陶的美，簡直是讓我讚嘆不已，我猜思惟的前身是一位官窯的領尖人物。思惟是虔誠的佛教徒，把藥師佛的青草藥化爲救贖世人的原料，摻入他所捏的陶土，用其歷練數十年的美學能量配出最佳釉藥，以他多情而又天眞的心性，塑造出每尊絕不重覆的陶作。

桂娥巧手用麻繩編成壺提把，讓壺能易於使用，又挑選造型優美、色彩斑爛的植物，取其莖、葉、果，輪番對空間釋放出文人氣息，一種空間、光彩、實相、空相交疊的演繹，就在你我眼前恣意綻放。

在思惟的工作室，兩朵菊花依偎在瓶口，菊花以其黃金比例 (1:1.618) 展現其完美造型於世人眼前。蒐集阿娥與思惟的陶是一種榮幸，因爲這作品淳樸古意、歷久彌堅；在台灣、甚至海外，都將會吸引有緣人來爭相欣賞與收藏。

結緣是實相，離別是空相。把握瓶壺之空，用愛滲入自我眞情，塡滿天地，讓自我心靈溫飽充盈。

陶之饗宴
阿娥與思惟

結緣是實相，
離別是空相。
把握瓶壺之空，
用愛滲入自我真情，
填滿天地，
讓自我心靈溫飽充盈。

圖左：虞美人隱約的苞放。
圖右：張思帷陶作。

淨瓶

淨瓶如觀音
垂柳帶修行
一日水湧見
眞情滌身心

靈光乍現日
悟道石成金
父母恩勿忘
日月永光明

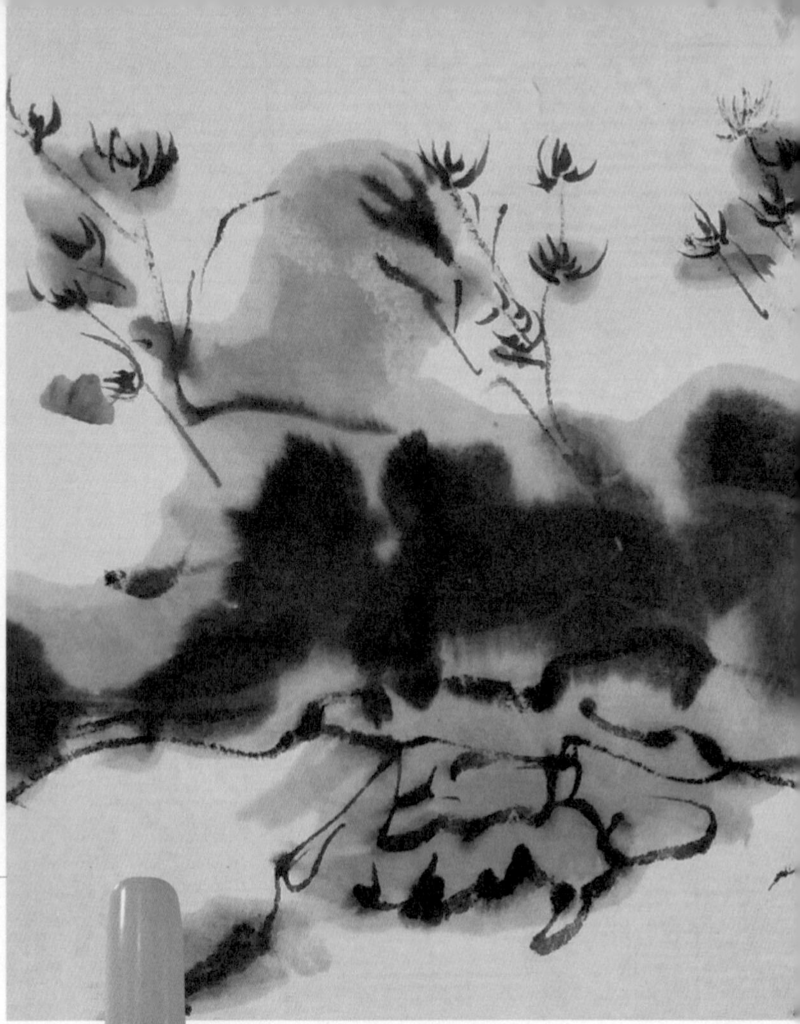

提梁壺

月白提梁壺　　陶土濕潤易
身形如仙姑　　塑身嬌柔難
癡郎造其意　　缸空牽罟累
情態伴日出　　穩泰超塵凡

圖左：張思帷陶作。
圖右：張尚為畫作。

心章

• • • • • •

父親 張振翔
19歲時的印章作品

慕元樓之愛：嘉義老家的故事 / 張振翔
原著；張尙爲整理. -- 臺北市：蕙風堂,
民107.05
 面； 公分
ISBN 978-986-95817-4-5(平裝)

1.人文地理 2.藝術 3.嘉義縣

733.9/125.4 107007312

慕元樓之愛

嘉義老家的故事

原 著 **張振翔**
整 理 **張尙爲**
發行人 **洪能仕**
發行所 **蕙風堂筆墨有限公司出版部**
台北市和平東路一段77-1號
電話：(02)2351-1853·2397-7098
傳眞：(02)2321-4255
郵撥帳戶：05455661蕙風堂筆墨有限公司

宣紙圖書部
台北市和平東路一段121號B1
電話：(02)2321-1381~2
傳眞：(02)2321-4078
郵撥帳戶：05455661蕙風堂筆墨有限公司

批發部
新北市中和區建康路130號4樓之4
電話：(02)8221-4694~6
傳眞：(02)8221-4697
郵撥帳戶：05455661蕙風堂筆墨有限公司

板橋店：蕙風堂畫廊
新北市板橋區文化路一段127號
電話：(02)2965-1358~9
傳眞：(02)2965-1335
郵撥帳戶：13401669蕙風堂畫廊

漫畫繪製 **奇兒**
作品攝影 **曾文華、康志嘉**
藝術總監 **康志嘉**
設計總監 **王建忠**
美術設計 **許雅婷**
印刷設計 **意研堂計事業有限公司**
新北市中和區中安街104號2F 02-8921-8915
Kjjeanton@gmail.com
定價 新臺幣400元
出版時間 民國107年5月